U0040403

不快樂是一種本能，快樂是一種選擇

練習不快樂?!

蘇益賢

獻給
我的父親江龍、母親秀瓊、妹妹怡文

目
錄

1　在精神科病房尋找快樂

2　快樂與它的產地

3 在快樂的書中，說負面情緒的好話

4 愉悅感的使用說明書

│備註│本文提及的劇情、人物、故事情節皆屬虛構。內文中提及、引用
之研究發現，為求易懂與可讀性，在文字論述上經個人主觀調整；
惟不影響原研究之主要發現。

領主與長老的難題　陳文玲｜政治大學廣告系教授

很久以前，小領主治領一塊土地，年輕的他擁有連自己都未察覺的強大力量，以致招來各種妖怪，以及不可思議之事物，地方長老請來收妖專家保護領主與領地，以為結界。

——《結界師》故事開頭

這麼麻煩的事，台灣竟然也遇上了。2018年公投之後，奮力衝撞的青年心全碎了，原來同溫層之外，還有更一大片降溫層；而勤勉護家的長老也不快樂，那三百萬妖與不可思議之事物，意味著火山周邊持續活躍，界還無法結成。既然人人不開心，就來讀這本重新認識「快樂」、教我們與「不快」相處，以及讓創造力再度流動的《練習不快樂?!》吧。

刻意以第一人稱與專業身分敘事，字裡行間夾帶九零後的冷幽默，作者蘇益賢用心設計了從感官不快到意義追尋的八個章節。每個故事、例子、箴言和練習，都在協助我們繞過大腦檢查哨，回到此時此刻，創造一個又一個碰觸、覺察、取捨，以及重塑自身邊界的機會。內在正同時經驗著爬蟲腦蠢動、邊緣腦躁動、靈長腦暴動的我，對益

賢在第五章裡引用鈴木一朗的話特別有感：「我一生中最快樂的時光都是棒球帶給我的，但我一生中最痛苦的一切也是棒球帶給我的。」「痛」與「快」，表面上是一組對立的概念，如同白天與黑夜、緊繃與放鬆、創新與傳統，但仔細想，以時間論，兩者必然更迭；以空間論，兩者必然共存；以客觀論，兩者必然互補；以主觀論，唯有兩者互相撞擊，才會帶出之前不存在的、被我們稱之為「新」的事物，然而，如果我們不在此時此刻，如果我們沒有注入足夠的覺察與反思，「痛」會走向深層的「苦」而導致沉淪，「快」會走向表淺的「感」而招惹耽溺。

　　當我們經驗到一個負面經驗，孤啡肽會大量湧入杏仁體，這就是痛感、壓力與不適的來源，杏仁體通知下視丘釋放可體松（也就是壓力荷爾蒙），可體松再通知腎上腺，分泌用來決定打或逃的副腎皮質荷爾蒙，回到海馬迴，至此完成一個迴圈，形成了記憶。然而，孤啡肽具備兩面性，量少時，會帶出痛感並通知下視丘釋放可體松；量多時，卻反而可以節制可體松的分泌。換言之，孤啡肽的多寡，決定了我們的抗壓與適應力，原本痛的與帶來壓力的，因為漸漸發展出適應痛與壓力的能力，慢慢地就不痛了、輕鬆了。簡單地說，我們的腦可以因應不同經

驗，打破固著的疆界，創造新的神經連結、新的迴路，這個能力，無論領主或長老，只要身為人，終其一生都有，關鍵在於，要從外在拉回當下，要從裡面長出意志，帶著覺察，對抗趨樂避苦的本能，就有機會經驗到從被壓到抗壓的正面經驗，學習在這個時刻發生，成長在這個時刻發生，創意豐沛的心流（flow）也在這個時刻發生，如同益賢在書裡提到，「心流時，工作不需意義，工作就是意義。心流時，活著不需理由，活著就是理由。」

　　教書三十年，每十年就不快樂一次，驅使我不得不尋找新路徑，我和益賢的師生情誼，就是最近這次不快樂的產物，更精準地說，十年前，還是學生的益賢（與同學及學弟妹）跟我共同經驗了大學教育的限制，於是一起動手實驗其他的可能，政大藝文中心三樓有個規模極小、師生共構的「創意實驗室」，就是我們碰觸、覺察、取捨，以及重塑自身邊界的模擬場，這本書，則是益賢在真實世界裡為被電影《腦筋急轉彎》打動的你我所建造的練習場，「哭泣讓我放慢步伐，充分感受生命難題的重量。」謹以這句台詞，獻給願意面對不快樂的領主與長老，要知道，召喚鈴木一朗的，不是快樂也不是痛苦，而是棒球，那你我呢？

推薦序　把不快樂的人生活出道理來

王靈康｜淡江大學通識與核心課程中心
助理教授

　　我有許多學生不快樂。平常接觸的大學生，在許多人眼裡看起來，似乎總是以自我為中心，把玩樂放第一，耽於物質欲望，沉迷於網路，片刻離不開手機，對什麼規矩都不尊重，對學業不積極，對工作不認真，對自己的未來也沒有想法……說起來簡直罄竹難書。但是深入接觸之後，發現即使上面說的都是真的，他們當中還是有許多人其實並不快樂。

　　本書所說的「快樂」意義和「幸福」相近，至少都不同於「愉悅」，尤其不僅限於身體的愉悅。我和學生們討論「快樂」起自偶然的機緣，本來是為了介紹道德哲學裡的一種學說，此說以能否促進最大多數人的幸福來判斷一事是否道德。但在討論當中發現，除了身體的愉悅之外，他們對於「快樂」或「幸福」所能發揮的想像竟然有限。可是，在這學說的思路之下，如果不弄清楚快樂是什麼，就沒辦法談多數人的快樂是什麼；如果說不清楚多數人的快樂，如何討論一件事是否道德？

　　作者從不同等級的動物腦介紹快樂的產地，說明人除了像爬蟲一般滿足本能的需求之外，也有專屬於人類的滿

足和意義。從這個面向談快樂，也幫助說明了道德與人性的關係；原來人除了和動物有相似之處，也具有不同於其他動物的獨特之處，如此也可以解釋為何有些「快樂」雖然未必「愉悅」，卻仍然值得追求。

　　探索快樂當然不只為了道德。人的心智活動和體力勞動基本上不都是為了快樂？或者說都是為了追求好生活。我問全班學生，上大學是為了什麼？他們說為了吸收專業知識。吸收專業知識是為了什麼？他們說為了找好一點的工作。找好一點的工作又是為了什麼？問到這裡，他們開始有些不解，為什麼連這個都要問？不過還是耐心地開示：「為了多賺點錢啊！」我則繼續虔心請教：「那麼，賺錢是為了什麼呢？」此時已經有人覺得快要被耍，不過還是有善心人告訴我：「為了生活呀，老師。」是的，為了生活。接著我誠懇地問：「那生活是什麼呢？」終於圖窮匕見，回應我的常常是突然的靜默和瞪直的眼。

　　原來他們不只現在不快樂，連將來想要什麼樣的快樂也不太清楚。許多人從學習到工作，都急著投入看來規劃妥善的跑道，一路上還布署著節節高昇的誘因激勵大家

前進，並且說服大家這就叫作自我實現的歷程。殊不知有些目標來源不明。這些引領你我前進的層層目標裡，有我們真正的快樂嗎？人僅僅被當成工具人之後，就不太需要思考自己真正想要什麼，因為可能都被安排好了。儘管途中可能會得到一些我們企求的滿足，但就整體人生而言，我們最終為自己追求的究竟是什麼樣的滿足、什麼樣的快樂？人被當工具訓練，被當工具使用，長此以往還有能力思考自己真的要什麼嗎？最慘的是，可能連這個問題都忘了。

「要上哪兒找意義？」蘇益賢帶我們從尋找意義的高度思考「快樂」，正視「不快樂」，幫助我們健康坦然地面對生活百態，將「快樂」的內容拓廣加深，讓我們把常常不快樂的人生活出道理來。

推薦序 以客觀的科學方法打開幸福法門

蔡宇哲 | 台灣應用心理學會理事長、
「哇賽！心理學」創辦人

　　心理學書籍中最常出現在賣座排行榜的，主要是心理勵志類，或是教你如何可以更好、更成功，換句話說，大眾對於心理學的期許，是希望可以讓自己變得更好、更快樂。許多心理學家都對這個主題投入了很多心血，也獲得了斐然的成果。只要人們可以理解後並掌握原則，實際在生活中去執行，就可以明顯讓自己更好。

　　蘇益賢心理師的這本《練習不快樂?!》，就是寫出了目前最有共識的幸福法則，讓讀者先理解並知道原則是什麼，接著能在生活中加以實踐。例如不少人會覺得幸福快樂是來自於外在，不太理解為何會需要練習。但其實人們天性是傾向去在意損失、去記得壞事的，對於好事的敏感度相對較低。換句話說，天性是讓人不容易快樂的。而要克服天性，必須透過後天的練習，也正因如此，理解與練習在幸福學中格外重要。

　　《練習不快樂?!》一書最讓我激賞的，不同於一般書籍是講個案、談情感層面來訴說幸福，而是透過理性與有趣的研究案例，用簡單易懂的方式描述出來，讀了以後會有一種「哇！原來如此」的醍醐灌頂。相信一定有不少人也

跟我一樣，會希望有客觀的科學方法來打開幸福法門，而不只是依賴名家的經驗之言。

　　通往幸福快樂該怎麼走，大家都有自己的想法，沒有一條絕對的道路。但經由《練習不快樂?!》書中那些科學驗證的理性之道，肯定能一步一腳印、愈來愈靠近每個人都想要的終極目標。

推薦序　逃避不快樂並不會更快樂　　洪仲清｜臨床心理師

不愉快的經驗是生活中很自然的一部分，有些甚至還會有益處。悲傷，能軟化你的心；辛苦，能讓你更強壯；而憤怒，則讓你更有能量去處理不合理的對待。而且，你如果試圖抗拒不愉快的經驗，會阻礙它們通過你的心理和身體，反而會在四周附著。你如果對負面經驗有負面的想法，只會換來更多負面的感受。

—— **瑞克·韓森**（Rick Hanson, 1952～）｜神經心理學家

在快樂的情緒裡面，通常不純粹只有快樂。有時來自緊張的釋放，有時來自痛苦的解除，有時來自恐懼所刺激出的興奮……。

「負面」與「正面」情緒，是人們硬給的標籤。事實上，它們常常一起出現，只是有先後順序的不同。

情緒本身有其適應的價值，真能有一日排除了所有負面情緒，可能反而不利我們生存。

所以我們常有誤解，以為人生的目標是以追求快樂為畢生職志。然而，這樣的快樂，可能只有一下下，因為我們常用更長久的痛苦換取短暫的快樂。

細細體察這個過程，無盡地追求快樂，讓痛苦變成常

態，像是十年寒窗，只為得一夕功名。真求取到了功名，我們慶祝歡樂，也許幾天或一個月的時間差不多了吧，很難快樂超過半年。而且這也只是個起點，接下來為了維持功名，或者追求更大的功名，還要繼續活在壓力裡。

所以我常回到靜心裡，在平靜當中，常有淡淡的喜悅。這喜悅來自照顧好我們的身心，那是取之不盡的能量。像是睡飽了精神舒爽，適當運動之後的大汗淋漓，健康飲食之後的飽足感，閱讀有意義的文字而感覺被同理……。

「喜悅」跟「快樂」對我來說，並不相同。通常快樂是一種相對強烈的狀態，常以感官刺激為主。然後，快樂常要由痛苦堆疊出來，因此苦多於樂。

相對地，靜靜坐著就可以有喜悅，不依賴感官刺激。基本上只要注意呼吸、放鬆肌肉，喜悅就可能來臨。

我們藉著負面情緒，去認識自己，也可以喜悅。我們懂得接納自己，也能注意到自己值得肯定的努力，喜悅便能常在。

這本書使用的詞彙跟我慣用的文字不太相同，但講到了類似的心理歷程，而且更為具體實證，作者的某些文字安排很有趣味。全神貫注地讀這本書，讓我片刻又片刻地進入喜悅的狀態。跟各位朋友分享！

接納自己的不快樂存在，也是完整人生的一部分

蘇絢慧｜璞成心遇空間心理諮商所
所長、心理叢書作家

　　這社會上的人，為什麼愈來愈不快樂呢？

　　我的看法和益賢心理師的專業觀點有相近之處，就是
現代人太講求也太追求「快樂」，反而時常陷落於焦慮自
己為什麼那麼不快樂？

　　感受快樂及感受不快樂，都是一種「感受」，意即：
若你想感受快樂，也必會感受到不快樂，這都來自「感
受」的能力。若要只追求快樂，迴避及壓抑不快樂的感
受，那麼我們就必須以許多刻意的行為，來強迫自己非快
樂不可。

　　然而，那些強迫自己非快樂不可的行為，通常都加
入了許多「不合理」、「非要不可」和「類似上癮」的成
分。例如：非購物不可、非找刺激不可、非嗨翻不可、非
重口味不可……然而，這些行為的背後，往往是為了掩
飾或驅趕自己內在真實感受到的不快樂（或其他被視為不
快樂的情緒）。

　　「快樂到底在哪裡，為什麼我找不到？」益賢心理師
從人們常問的這個問題開始，告訴我們：許多人活在不是
真正的快樂中，強求著自己要快樂，反而壓抑了自己，抵

抗了真實的自我。當人們抵抗的是真實的自己時，又何來真正的快樂呢？

　　你也覺得自己不是真正的快樂嗎？你也落入做人一定要快樂的迷思嗎？你也追求快樂，以為這就是一種人生的成功嗎？真摯推薦你閱讀益賢心理師這一本新作：《練習不快樂?!》，你會有機會真實的接觸到內心喜悅而滿足的真快樂。

推薦序 練習不快樂，讓你找到情緒的安放之地

盧智芳｜《Cheers快樂工作人雜誌》
副社長兼總編輯

在《Cheers快樂工作人雜誌》工作多年，我經常在各種場合遇到這個提問：「世界上，真有『快樂的工作』嗎？」

我總是這麼回答：「『快樂的』工作可遇不可求，但我們一定可以學會『快樂地』工作。」

能否「找到」快樂的工作，可能得憑七分機緣、三分運氣，但是懂得「快樂地」工作，卻是絕對能操之在己的一項本事。所謂「快樂地」工作，並不是否認工作中有令人痛苦的部分；反過來說，就是因為已經承認它的存在，所以努力找到、認真發掘各種最適合自己的方法，透過每天的實踐，讓工作中的快樂極大化，並藉此得到力量和養分，得以去面對工作中的不快樂。

工作如是，人生亦如是。這是我願意推薦《練習不快樂?!──不快樂是一種本能，快樂是一種選擇》一書的主因。世界上沒有人不想追求「快樂的」生活，可是就算是全球首富，夜深人靜時，他也未必能給出自己一個「我的人生很快樂」的答案；然而，「練習不快樂」卻是一種「快樂地」生活不可或缺的本領，它能讓你找到情緒的安

放之地，真正做到無入而不自得。

　　「快樂地」工作、「快樂地」生活，讓我們一起來練習！

推薦序 ｜ 追求快樂，就要打壓不快樂嗎？

許皓宜 ｜ 諮商心理師

　　追求快樂，彷彿已是現代人的主流口號。但如何才能追求快樂的生活呢？在我的臨床經驗中，看到大部分人追求快樂的方法，似乎就是將那些引發不快樂的人事物給去除掉；有些人是盡量不去回想不愉快的回憶，有些人則是強迫自己和其實還未處理完善的心結斷捨離。

　　詭異的是，這些被許多人以為是有助於快樂的做法，對心理學者而言，卻可能有礙於心理健康，甚至導致某些情感壓抑、情緒暴躁等後遺症。於是愈想提醒自己要活得快樂的人，可能過得愈不快樂，或者與真正的自我日漸疏離，最後感覺到「孤單、空虛、寂寞、覺得冷」的厭世感，是十分普遍的現象。所以當我拿到益賢的新書稿，《練習不快樂?!》的字樣很快吸引了我的注意力。

　　是啊，對我來說，這個觀點才是該推廣給大眾的想法呀。我們都需要明白，「追求快樂」不等於「打壓不快樂」，否認內在的負面情緒不見得可以讓人過得更好。事實上，透過那些哀傷、憤怒與煩憂，我們才真正得以深入內在，看見那個陌生、還未被意識給覺察的自我，人，才得以用一個更完整的姿態，真正地接納自己。

　　和益賢初次見面是在親子天下的某場活動上，但更早之前，就常常閱讀益賢所主持的「心理師想跟你說」臉書平台的文章。在益賢的新書中，保有他理性且溫暖的特長，透過系統性的方式，娓娓道來「不快樂」對我們生命的重要性。當你閱讀、並明瞭了其中內容，才會明白：或許所謂的「不要再努力了」所指的不只是行為上的，而是我們的內心深處，能夠學會不再過度耗費力氣，去拔除其實需要被貼近、珍視與照顧的負面情緒。

1

在精神科病房
尋找快樂

吸毒的快樂是快樂嗎？

你不是真正的快樂

快樂壞掉了，讓人痛苦著

傳染病爆發了

吸毒的快樂是快樂嗎？

「心理師，你吸過毒嗎？」眼前個案問。

吞了口口水，我在想，該怎麼回話。

抱歉，忘了自我介紹。大家好，我是蘇益賢，很高興能在這裡和你碰面。

我的工作是臨床心理師。這個只有我和個案待著的小小房間，座落在精神科病房，被稱為「心理衡鑑室」。

心理衡鑑時，我們會花上一到數小時不等的時間，和個案進行會談、做些測驗，好了解個案的狀況。

這樣一來，之後若要進行諮商或治療，心理師就會有個方向，知道個案想改變些什麼，而我們又可以使用哪些方法來幫助他。

離題了。焦點回到剛剛吞下的口水。

以下是菜鳥心理師常常被質問的幾個經典問句：

「結婚了沒？」

「離過婚嗎？」

「得過憂鬱症嗎？」

這些問句在之前和其他個案互動時，都已經蒐集過了。

但「有沒有吸過毒」倒是第一次。該怎麼回應，比較能拉近我們之間的距離呢……。

　　在室溫受到空調管控的病房裡，臉上汗水仍恣意滴下。

　　我該誠實地說沒有嗎？這樣對方會不會覺得我無法懂他的感受呢？還是我要回答：「其實大麻什麼的，我也很想試試看呢！」不行吧，這樣是不是違法了。

　　哎呀，吸毒到底是什麼感覺？我更想知道的是，為什麼個案要這樣問我呢？

　　就在我自顧自地天人交戰時，個案給了我一個完美的台階：他開始說起自己過去的故事。我鬆了一口氣，保持專注，聽他娓娓道來。

　　「一開始真的就只是好奇，朋友在旁邊鬧，只是想說試試看。後來發現，真的很爽。第一次知道可以爽成這樣，舒服得停不下來。」

　　「嗯……」我輕輕點頭，想聽他多說一點。

　　「可是啊，那種感覺是回不去的，很可怕。你說那快樂是真的嗎？心理師，你覺得吸毒時的快樂，是快樂嗎？」

◆　◆　◆

　　現在回想起來，其實已忘了當時自己是怎麼回應的，但那句「吸毒時的快樂，是快樂嗎？」我永遠都記得。

　　在精神科實習、工作的時候，我目睹許多「壞掉的快樂」。心中納悶的是，為什麼快樂這樣的好東西會變質？

　　同時，我也看到許多人為了尋找快樂而變得很痛苦。他們常問：「快樂到底在哪裡，為什麼我找不到？」

　　快樂二字說來容易，但它到底是什麼？

你 不 是 真 正 的 快 樂

　　心理師的工作，除了衡鑑、評估之外，還包含大家比較熟悉的心理諮商，或者說是心理治療。

　　在談話的過程裡，我們和個案討論他們遇到的困擾，用一些心理學的思維，陪他們重新理解這一切，並找到改變的下一步。

　　來找我們諮商的原因有百百種。

　　如大眾直覺的猜測一樣，黑暗的那一面確實比較多。例如心情低落，好似掉到深不見底的黑洞；緊張、焦慮不已，彷彿有千百隻蝴蝶在肚子裡飛；嚴重失眠數日到想自殺，這種他人難以理解的痛苦。

　　活著本身就充滿壓力 —— 無論這些壓力是來自家庭、職場、生活，又或者是牽涉到不同的人事時地物。

　　諮商室則像是一個樹洞，讓每個前來的人可以放心地安置自己的祕密。許多人正是為了放置這些痛苦、希望擺脫痛苦而前來。

　　不過，工作一陣子後我才發現，這只是表象。

　　在擺脫痛苦的底層，我聽到許多個案沒有開口說出的話：「我不只是想擺脫痛苦，還想過得更快樂一點。」

◆　◆　◆

　　快樂很重要，不過回想一下，在我們還是學生的時候，卻沒有人跟我們討論這件事，也沒人教我們怎麼找到快樂。我們只能靠著直覺，各自走上自己覺得有用的快樂之道。

　　有些人找到方法，過著幸福快樂的一生。但這種如童話般的夢幻生活，其實並不常見。

　　國小、國中的健康教育教會我們保護眼睛、要運動、吃得健康一點；但對於如何過得快樂、如何處理自己的悲傷，卻用幾句「保持正向思考」帶過。

　　為了尋找快樂，有時我們會不小心走上快樂的歧途。你很努力、做了點事，當下雖然快樂，卻又在快樂之後感到空虛。

快樂 NOTE

不是擺脫憂鬱、憤怒等不快樂情緒，就等於幸福快樂。幸福快樂不會自然出現。

——**塔爾‧班夏哈** (Tal Ben-Shahar, 1970～)
哈佛大學心理系教授

　　夜深人靜，你想起五月天那首〈你不是真正的快樂〉。到底，什麼是真正的快樂？那些我們努力追求的快樂，是真的嗎？

　　許多人，正是因為「壞掉的快樂」而來諮商的。好多人因為這樣的快樂而痛苦著。

　　什麼是壞掉的快樂？其實我們多半有過。或者，不自覺地正在追求。

　　你說，我不吸毒啊，我沒有那種壞掉的快樂。不過，也許為了排解寂寞，我們抽菸、喝酒；為了避開空虛，我們躲進另一個世界。抽菸、喝酒的快樂，是不是真正的快樂？

　　不菸不酒的你，不一定能抗拒美食的誘惑。忙了一整天，終於下班的你在鹹酥雞攤位前，拿著菜單思考著。明明早已吃飽，幾分鐘後卻仍手滑點了一份鹹酥雞。一口口吃下肚的肉，變成鼓脹的肚子。

　　你可以把鹹酥雞換成火鍋、燒肉、零食、垃圾食物，或是吃到飽餐廳。吃什麼不重要，當下吃得是否過癮才重要。吃完之後，等著我們的是那種隱隱出現的微妙感，感覺不是很好。這種快樂是不是真的快樂？

　　你可能不是靠吃來慰勞自己的人，卻難逃電腦和網路

布下的天羅地網。在休息時間，不假思索地打開電腦、滑起手機，來到遊戲世界，你變成了不同的身分，暫時拋下現實，在那個世界找到新的自我認同。

半夜十一點，你的理智說：「好累，早點睡吧！」打著哈欠，手指卻在這一刻不聽使喚，逕自點開 Netflix 上面最新的影集。「一集不到一個小時，看一集還好吧？」你和理智進行看似理智的溝通，但其實這一點也不理智。

時間晚了，你累了，意志力也累了。我們終究敵不過 Netflix 自動播放下一集的功能。你看著影集，忘記了生活的煩躁與瑣事。黑眼圈慢慢增厚，這種廢寢忘食，是不是真正的快樂？

發薪意味著重生。也許是在實體專櫃，又或者是在電腦螢幕裡，購物是犒賞，更是一種安慰。血拚激發我們「持有某物」的本能，帶來一波波的快感。如果這是真正的快樂，為什麼我們在拿到帳單的那天，立刻掉入地獄？

快樂壞掉了，讓人痛苦著

在精神醫學裡，有本厚厚的磚頭書，稱為《精神疾患診斷與統計手冊》，簡稱DSM，裡頭詳細記載著精神科醫師、臨床心理學等相關專家界定出來的精神疾患。簡言之，這是一本精神疾患的百科全書。

這本百科從1952年出版了第一版，到2013年已經編修到第五版，每一個新出的版本都比前一版還厚。看來，隨著時代的演進，我們的「心」愈來愈容易符合生病的標準。是啊，要快樂也愈來愈難了。

在DSM裡，可以找到不少跟「壞掉的快樂」有關的診斷。原來，因快樂而痛苦著，如此普遍。

⊙ 酒精或尼古丁依賴：「對菸或酒的極度依賴，必須反覆抽菸、喝酒，以至於造成生理與心理的危害，或是社會功能的減損。」

⊙ 心因性暴食症：「出現一再復發的暴食行為，在很短時間內吃下大量食物。」

⊙ 強迫性購物症：「知道購物行為會帶來嚴重的心理、人際關係、社會、職業和財務後果，但仍然難以控制，持續並過度地購物。」（出自第三版）

⊙ 網路遊戲疾患：「網路遊戲占據生活大部分心思或時

間。當停止或減少網路遊戲時，出現戒斷症狀，個人感到痛苦。」（出自第五版研究準則）

　　有時，看著這些診斷會想，我們離這些診斷並不遙遠。同時也納悶著，快樂和痛苦之間，是否只有一線之隔？快樂和壞掉的快樂，差別是什麼？若要掌握快樂的要義，解開這個謎團似乎很重要。這個謎題，是否跟掌管情緒的大腦有關係呢？

◆　◆　◆

　　在人類大腦中，充滿著許多「神經細胞」。每個神經細胞都有一些像章魚般的觸手，稱為「軸突」或「樹突」，負責協助細胞之間的溝通。神經細胞互相溝通時，會在彼此軸突或樹突的縫隙之間，分泌一些小分子，而不同小分子的特性與其所傳達的訊息並不一樣。

　　這些小分子名為「神經傳導物質」，你聽過的血清素、多巴胺等，都是神經傳導物質的一種。

　　當這些物質的傳導出問題，不管是製造太多／太少、回收太快／太慢，我們「整個人」都會受影響，特別是大

腦負責的三大任務：思考、情緒和行為都會失調。

在許多精神疾患病人的大腦中，都能發現神經傳導物質失衡的現象。

腦中多巴胺如果太多，我們可能會出現幻聽、幻覺、言語混亂等像是思覺失調的症狀。但多巴胺如果太少，我們又會變得焦慮、緊張、坐不住、胸悶等等。只有在適量的多巴胺下，我們才能感受到愉悅與興奮。

當然，我們的喜怒哀樂不只是由多巴胺管控的。目前至少有數十多種已經辨識出來的神經傳導物質，它們彼此之間的互動，影響著我們的心情、思考和行為。

這些物質雖小，卻有極大的影響力。只要比例稍微一跑掉，不管是太多或太少，我們都可能「不對勁」。就是那麼一點點的差異，帶給我們快樂或痛苦、愉悅或掙扎。

精神科藥物，就是透過一些生物化學過程，來改變這些小東西在我們腦中的比例與分布，進而帶來療效，讓你心情好一點、不那麼緊張、少一點胡思亂想、睡得深一點等等。

◆　◆　◆

　　心理學家研究人類的行為，也探索我們的一舉一動和
大腦的關係。在談到快樂時，不管是我們的具體行為，還
是大腦裡的微觀世界，都存在著類似的謎團——

　　快樂是什麼？「壞掉的快樂」是怎麼造成的？為什麼
我們會因為快樂而痛苦？又該如何避免快樂壞掉？

　　倘若快樂與痛苦只有一線之隔，它們之間的分野會是
什麼？

　　如果我們會因為快樂而痛苦，那有沒有可能找到讓人
因痛苦而快樂的方法？

◆　◆　◆

　　在心理學剛起步時，心理學家費了好多力氣，試圖拯

快樂
NOTE

碰到麻煩時，吃是我唯一的安慰。
——**王爾德**（1854～1900）作家，著有《不可兒戲》

救人類的痛苦與不快樂。不過，心理學家也發現了治療的限制：接受了處理憂鬱的治療之後，並不表示我們會開始「快樂起來」。

不憂鬱並不等於快樂。反過來說，有時即便我們有點痛苦，卻是快樂的。這些看似矛盾的論點，開始變成心理學後來研究的議題。

大約西元2000年左右，學者正式提出正向心理學之後，有許多科學家開始系統性地研究幸福與快樂這些主題。

在剛開始寫這本書的時候，我不是很有把握能寫完。「快樂真的可以寫成一本書嗎？是否太小題大作了？」

不過，在參閱大量相關研究的時候，我卻常因此想起許多個案說過的故事。

生命故事人人不同，但絕大多數人的故事裡，都包含著「尋找快樂」這樣的劇情；有人成功，有人失敗，有人還在努力，也有人放棄了。

在認真研究快樂之後，我發現它和我直覺認為的樣子相當不同。真正的快樂常常藏在我們意想不到的地方。許多人非常認真地找快樂，卻忘了確認自己尋找快樂的方法是否正確。

這裡有彩蛋

　　我將透過這本書，簡單地整理這段探索「快樂到底是什麼」的歷程。在過程中，我會介紹一些有趣的快樂實驗，分享一些人的故事。期待透過本書的引導，讀者能重新認識快樂，按圖索驥，找到屬於自己的快樂，搞定其實是生存本能的不快樂。

傳 染 病 爆 發 了

在你工作的大樓突然爆發了罕見的致命傳染病,該
棟大樓有600人在裡頭。前來支援的防疫小組提出
兩種因應計畫,需要身為決策者的你趕緊下一個決
定……。

( )A計畫:可挽救200人性命。
( )B計畫:有1/3機率可挽救所有人,2/3機率無
　　　　 法挽救任何人。

你有三分鐘的時間,可以做一個決定,在( )裡
做個記號之後,再繼續往下閱讀。

2

快樂與它的產地

大腦是一個黑盒子

傳染病又爆發了

三分鐘大腦小教室

如果你掉了五百塊

繼續吃拉麵，還是快逃出去？

大腦裡的情緒眾議院

得到或失去五百塊

盤點情緒正負比

提升情緒正負比，該怎麼做？

大腦是一個黑盒子

　　某天晚上十一點，準備入睡前，你隨意滑著手機。

　　打開臉書，發現好朋友發了一則宵夜的動態，你心想：「好久沒去吃那家店了，好懷念。」看著看著，餓意也不知不覺被照片喚醒了。

　　「哎呀，什麼時候不看到，偏偏這個時候看到。」

　　看完這則動態，順手把螢幕往下滑，臉書表情的按鈕浮現了出來。這時候，你會按下哪個表情呢？

　　不管你按下了哪個表情，都沒關係。只是，剛剛那一瞬間，你看到宵夜文，想了想，用手指選出一張符號的過程，正是人類一個了不起的時刻。

　　基本上，人類每個動作與行為反應，都是因為我們受到「外在刺激」而引發的。外在刺激說來拗口，也可以直接翻譯為「發生的事情」，以剛才的宵夜情境為例：

　　　刺激（發生的事情）→反應（我們做出的動作）
　　　看到宵夜貼文→點選「怒」的圖案

　　任何人類行為，都可以透過這個簡單的公式來描述。「怒」可以是一種反應，「快樂」也可以是反應。

　　　　　　　刺激→反應
　　　看完一部感人的電影→感覺開心與心滿意足

　　透過這個公式，心理學家可以蒐集人們在面對不同刺激時普遍會出現的反應。如果資料夠多，把非常多「刺激→反應」的資料整合起來，就可以建構一個資料庫，幫助我們預測人類的行為。

　　比方說，在聞到胡椒之後，我們可以輕易預測一般人可能會「打噴嚏」，而不是「想睡覺」，這就是一個簡單的「刺激→反應」預測。

◆　◆　◆

　　「刺激→反應」這個公式，在心理學歷史上流行了一

陣子。但後來，我們發現這種「刺激→反應」的分析有時候不太夠用。

　　某天，你走在路上，突然間，不認識的路人賞了你一巴掌。你會作何反應呢？

☐ 反應1：**想也不想，直接打回去。**
☐ 反應2：**納悶地看著對方，當場愣住。**
☐ 反應3：**大聲斥責，罵回去。**

　　不同讀者選擇的反應可能不同。是什麼原因，讓我們在同樣刺激的基礎下，做出不同的反應呢？這表示，在刺激跟反應中間，還隱藏什麼祕密，左右著我們的決定。我們暫時把這祕密稱為「黑盒子」。

快樂 NOTE

大腦是很棒的東西，我希望每個人都有一個。

——**佚名**，網路流傳

刺激 → 黑盒子 → 反應

在剛剛宵夜的例子裡，並不是所有人都會按下「怒」的反應。

按「讚」的人，也許是晚上才吃了類似的食物。

按「哈」的人可能笑著想：「你不是才說要戒宵夜嗎？怎麼又破戒了？」

按「嗚」的人，可能是因為朋友居然沒揪自己而傷心。

影響我們喜怒哀樂的就是黑盒子，而這個黑盒子其實是我們先前提到的「大腦」。

在「看到狗」這個刺激下，有人覺得快樂，是因為大腦想起過去在家和小狗玩遊戲的愉快經驗。有人感到害怕，是因為大腦回憶起過去曾被狗追、或者在新聞上看到類似的事件。有人對狗感到憤怒，或許是因為大腦想起過去心愛的玩具被狗咬壞的畫面。

每個人的成長過程不同，大腦裡頭累積的資料庫也不一樣。因此，即便是同樣的刺激，每個人產生的情緒反應都會不同。

刺激與反應之間

　　雖然每個人大腦裡頭的記憶不太一樣，但大腦這個器官本身有些特色是人類共有的。若能了解這些大腦的「預設值」，對於找尋快樂會很有幫助。因此，接著讓我們花一點點時間來了解快樂的產地：大腦。

傳 染 病 又 爆 發 了

在你工作的大樓，突然「又」（沒錯，第二次）爆發了罕見的致命傳染病，大樓裡面有600人。前來支援的防疫小組提出兩種因應計畫，需要身為決策者的你趕緊下一個決定……。

（　）A計畫：有400人會喪命。
（　）B計畫：有1/3機率沒有人喪命，2/3機率所有人皆喪命。

你有三分鐘的時間，可以做一個決定，在（　）裡做個記號之後，再繼續往下閱讀。

三分鐘大腦小教室

「沒有大腦，就不會痛苦。」（No Brain, No Pain.）不知道你是否認同這句話？

以邏輯而論，這句話其實滿有道理的。在腦死的狀態下，當事人確實不會、也沒有能力感到痛苦。

但若反過來思考，No Brain（沒有大腦），同時也表示No Happy（就不會快樂）。若沒有大腦，我們也就沒辦法感到快樂了。大腦可說是我們身體內與喜怒哀樂最有關的器官了。

◆　◆　◆

所有念過心理系的學生，可能都曾度過一段辛苦的日子。在大二或大三這一年，學生必須修完一門名為「生理心理學」的必修課，這是探討人類行為與大腦之間關聯的基礎課程。

拿到厚厚的課本，心已涼了一半。打開課本之後，另一半的心也涼了。

映入眼簾的，是密密麻麻的大腦結構圖，每個字母都認得，拼在一起卻看不懂。

成人的大腦約莫1至1.5公斤重，在這個看似不大的器

官裡，卻包含數百個專有名詞，搭配橫切、縱切等不同視野下的大腦，衍生出更多繁雜的命名，可見大腦結構之複雜。想學習大腦知識的人，常因此感到頭疼。

為了了解快樂，對大腦有些認識是必要的。但我們並不希望在認識大腦的過程，讓大家感到痛苦。

所以，在三分鐘大腦小教室裡，我將分享一種略經簡化、容易上手的大腦模式，帶領大家無痛地探索大腦。

◆　　◆　　◆

翻開歷史課本，回顧人類的過去，我們不是一開始就會站立、用火、耕種的。大腦也一樣，並不是一開始就長得像現在這樣，而是跟著人類這個物種一起慢慢演化而成的。

腦科學家保羅・麥克林（Paul MacLean）說，我們可以把大腦簡單分成「三層」；沒錯，只要分成三層就夠了。每一層腦區，都是在不同演化的時間軸上發展出來的。這三層大腦各有不同的主要功能。

最早長出來的腦包覆在最裡面，為了幫助理解，你可以把右手舉起來，伸出大拇指，蓋在手掌中間，手勢像是

在比一二三四的「四」。接著，四隻剩餘的手指頭蓋住大拇指，變成握拳的樣子。最後，用左手把右拳頭整個包覆住，變成像是「恭喜發財」的手勢。

現在你左右手構成的結構剛好有三層，右手大拇指代表的是最裡層的腦區（爬蟲腦），右手四指則是夾在裡面的中間層（哺乳腦），最外層腦區則是左手覆蓋的部位（靈長腦）。

最裡層：爬蟲腦

最早長出來的腦區「爬蟲腦」，存在時間可能至少上億年了。這部分的腦結構，是許多生物都有的。之所以叫「爬蟲腦」，顧名思義，是因為這是比較原始的生物就已擁有的腦區。

爬蟲腦在做什麼呢？位於核心位置，擁有悠久歷史的爬蟲腦負責各種與「生存」有關的本能，像是心跳、呼吸、睡眠、清醒、飢餓，或遇到壓力時戰鬥或逃跑等基本反應。這層腦區基本上是自動化運作的，不需要我們控制，通常也不太是我們能控制的。

爬蟲腦主要對應到的腦結構是稱為「腦幹」的地方，

負責保護我們，確保生命延續，反應迅速，難以用理智中
斷。

中間層：哺乳腦

漫長演化後，逐漸長出來的腦區稱為「哺乳腦」，位
於中間；這個哺乳類生物普遍都有的腦區，主掌的是我們
的情緒和記憶。此外，社交需求、荷爾蒙、遊戲本能等，
這些與情緒、記憶相關的功能，也都是哺乳腦負責的。

哺乳腦主要對應到大腦內層的周邊，包含海馬迴、杏
仁核、視丘、下視丘等結構，又稱為「邊緣系統」，因為
它位於腦幹的邊緣。

最外層：靈長腦

經過了更漫長的演化後，人類終於長出「薄薄的」第
三層腦區，稱為「靈長腦」。許多人類特有的高等能力，
例如語言、思考、溝通、決策、想像等，都與這層腦區有
關。

你現在之所以能閱讀這本書，靠的就是這部分的

腦。從你考慮是否買下本書開始（決策）、要去哪買（評估）、用什麼方式買（安排計畫）、選擇買本書而不是漫畫（抗拒誘惑），直到現在，打開本書閱讀（思考理解），這一切幾乎都是最外層腦區包辦的。

◆ ◆ ◆

三層腦區各司其職，各有各的個性，卻又互相影響。

最裡面的爬蟲腦，因為發展歷史最久，力氣比另外兩個腦區還大。

回想學生時代，周公在上課來找你的時候，雖然理智上你一直叫自己保持清醒，提醒自己打瞌睡會錯過某些重要內容（這是靈長腦在做的事）；但你的爬蟲腦依然故我，就是好想睡。一般狀況下，你很難用意志（靈長腦）戰勝睏意（爬蟲腦），想睡的感覺就是擋也擋不住。

又或者，在開會時，你突然覺得好餓、好餓（爬蟲腦負責吃的本能），但餓的感覺、肚子咕嚕嚕叫，也不是用理智告訴自己「不要叫」、「我好飽」之後就可以控制的。

哺乳腦與情緒有關。當我們提到「情緒管理」時，就意味著要訓練「靈長腦」來管理「哺乳腦」。在情緒上

顧大腦很重要

頭，例如生氣時，我們其實不容易管理憤怒，因為哺乳腦比靈長腦早出現，力氣也比它大。要訓練靈長腦來管理哺乳腦，需要不少努力。

　　好的，無痛大腦教室到此告一段落。沒錯，真的結束啦！讀者現在所知悉的大腦知識，已經比大眾多了許多。接下來，我們將以這三層腦區*為基礎，繼續認識大腦的其他「預設值」，探討這些預設值對人類快樂的潛在影響。

注釋 ＊ ────────────

此處介紹保羅‧麥克林三腦一體理論，在目前的大腦研究中，其實是過於簡化，亦曾有學者認為不夠精確。惟因此模式容易上手，且適合做為基本入門，故本書仍採用此理論做為分享的基礎。

如 果 你 掉 了 五 百 塊

某天你正急著前往某處，途中掏出錢包，打算買點東西吃。

買好東西，急忙趕到集合地點之後，摸了口袋卻發現，咦?!剛剛找零拿到的五百塊不見了。哎呀，應該是剛剛太趕，錢沒放好，掉在路上了……五百塊就這樣隨風而逝。

請選擇一個數字，用來表示你痛心的程度（數字愈大，愈心痛）：

不太心痛 1 2 3 4 5 6 7 非常心痛

繼續吃拉麵，還是快逃出去？

　　好不容易存了一筆錢到日本玩，看著地圖，自駕驅車前往傳說中的拉麵店。店裡散發著濃厚的日本氣息，風格傳統而古老，「這才是日式拉麵啊！」你開心地吃著拉麵，口感剛好、嚼勁適中，不禁讚嘆這神乎其技的藝術。

　　好景不常，忽然間，天搖地動。

　　地震！而且晃得還不小。這建築雖然有日本風，但「古老的」日本風畢竟感覺不太耐震啊，這時你會怎麼做？

◆　◆　◆

　　翻開國、高中健康教育的課本，我們在這堂課學習各種人體器官的功用與保養之道。

　　肺用來呼吸，沒有呼吸，我們就會死掉。腸胃用來消

快樂
NOTE

幸福是人類行為的最終目標，而幸福取決於快樂與免於痛苦。
——**彌勒**（John Stuart Mill, 1806～1873）哲學家

化，無法消化、獲得養分，我們也會死掉。肝臟是代謝毒素的工廠，如果它罷工的話，毒素就會一直累積，久了我們也會死掉。

　　老天爺在我們身體安裝了各種器官，若要用一句話來解釋所有器官的功能，就是「讓我們活下去」。

　　大腦做為一個器官，其實也不例外。它存在的目的就是為了讓人類活下去。

　　我們的爬蟲腦會餓、哺乳腦會害怕、靈長腦會思考，都是為了活下去。對負責生存本能的爬蟲腦來說，能不能活下去更是比什麼都重要。

　　大腦這種內建的「活下去」預設值，其實深遠影響著我們的快樂與幸福。到底大腦是如何定義「活下去」呢？

物競天擇的目的是物種生存，而不是個人幸福。

——**達爾文**（1809～1882）演化論提出者

⊙ **任務一，避開危險**：讓生命不要斷送在自己手上。愈能
聰明地避開危險的生物，通常能讓生命延續愈久。

⊙ **任務二，追尋快樂**：讓生命有更多機會可以繁衍下去。
讓我們本能感覺快樂的行動，通常就是讓生命維持與繁
衍的行動，例如：吃東西、睡覺、性行為等等。

不管是避開危險，還是追尋快樂，大腦歷經漫長演化
之後，內建的運作法則，就是不能讓物種滅絕。濃縮再濃
縮之後，可以用四個字來總結：

趨樂避苦

「避苦」本身並不快樂，有時還得犧牲掉快樂。「趨
樂」雖然快樂，有時卻很危險。原來，大腦內建的這兩個
任務，有時候是會打架的。好比剛剛拉麵的故事，吃拉麵
本身是趨樂的行為；遇到地震，立刻逃走則是避苦的行動。

當趨樂（吃拉麵）和避苦（逃出去）兩者衝突時，大
腦會怎麼下決定呢？

明智的大腦會優先選擇「逃命再說」（回頭看一下你
的答案是否明智）。倘若你的大腦設定是趨樂優先於避

苦，那可能在這次地震中，你就掛了（演講時，我曾聽到民眾分享一個更棒的答案：帶著拉麵逃到室外繼續吃；不過，在這我不讓你這樣做）。

避苦優先時，我們雖然犧牲了一碗麵，但未來仍有機會可以吃到。倘若是在趨樂優先的設定下，你會一邊開心地吃著拉麵，一邊被垮掉的房子壓扁，下次就再也無法開心地吃拉麵了。

嗚。

因此，若要真實呈現大腦的任務，應該改寫成這樣，比例才正確：

趨樂避苦

大腦避苦優先的本能，常常影響到我們的快樂。

在確保生命安全之前，其他一切可能讓你快樂的人事地物都是奢侈品。拉麵、電影院、喝咖啡，甚至是眼前閱讀的這本書（好，我知道對某些讀者來說不算），在避苦的時候，都可能會被大腦捨棄。

想要靠近快樂，就不能不意識到大腦這樣的預設值。

大腦裡的情緒眾議院

　　在繼續閱讀前，請先暫停一下，留一點時間給自己，完成這邊的任務後再繼續。

　　準備一支筆、一張紙，在紙上畫一個5×4的方格（你也可以寫在下面的格子裡）。

　　花一點時間，在每個格子裡，寫下所有你知道的「情緒字詞」。

　　一個格子寫一種情緒就好，字數不限，不會的字可以寫注音。想到什麼就記錄下來，直到填滿二十格。如果不想用手寫，也可以用手機打字，寫滿二十個就好。

　　完成之後，你也可以邀請身邊的朋友嘗試這個填滿二十個情緒字詞的活動。

◆　◆　◆

　　皮克斯在 2015 年推出了一部非常經典的動畫片《腦筋急轉彎》。

　　裡頭的故事設定是這樣子的：每個人的腦中都有一座情緒眾議院，好比立法院一樣，裡面會有各式各樣的委員，針對當時的案件給出不同意見，最後將所有人的意見匯集起來，投票表決，一起做出最後的決策。

　　我們接收到的任何刺激，都會送到大腦裡的情緒眾議院，也就是黑盒子裡，經由五位眾議院的核心成員開會決議，他們的決定構成了我們最後的反應。這五位核心成員分別是：

⊙ 樂樂（Joy）：喜悅，看什麼事情都從樂觀、開心的觀點出發。

⊙ 憂憂（Sadness）：憂鬱，戴著黑色眼鏡，看到的一切都偏負面而悲觀。

⊙ 怒怒（Anger）：看什麼都不順眼，一切都讓人生氣、不滿。

⊙ 厭厭（Disgust）：什麼都覺得嫌惡，感到不舒服、噁心、討厭。

⊙ 驚驚（Fear）：恐懼，一切都好可怕，讓人害怕、擔憂。

每當生活中有什麼事情發生時，腦中的五個成員都會在黑盒子裡開會討論。

還記得剛開始工作那陣子，第一次獲邀到大學課堂上演講。認真準備兩個小時的內容，也如預期般四平八穩的分享。會後，我拿到一張滿意度調查，看起來就像以下表格。

問題：「此講座讓我更了解什麼是快樂與幸福感。」你同意這句話嗎？

	非常同意	同意	有點同意	有點不同意	不同意	非常不同意	總計
人數	24	15	9	3	2	0	53
百分比	45%	28%	17%	6%	4%	0%	100%

就在接收到這個「刺激」的時候，我腦中的情緒眾議院開始開會了……

⊙ 樂樂：「哇喔～太讚了！快一半的人非常同意耶～我下次還要去！」
⊙ 憂憂：「那兩個勾不同意的人，是不是覺得我哪裡表現很差呢（哭）……」
⊙ 怒怒：「我要去找承辦人員，叫他告訴我，那五個勾選不同意的人到底是誰。氣死我了，絕不饒他們！」
⊙ 厭厭：「我就說我最討厭去學校演講了嘛！學生上課愛聽不聽，有講跟沒講一樣，浪費我的生命，煩死了（厭世臉）。」
⊙ 驚驚：「都已經準備成這樣，還是有人不滿意嗎？我真搞不懂大學生，他們好可怕，真難相處……。」

再回頭檢視一下上面的回饋表。按比例來看，我們主要關注的應該是多數人，亦即「非常同意」的24人、「同意」的15人，並因此感到快樂。

不過，當我們眼角往右掃到那「有點不同意」的3人、「不同意」的2人時，情緒眾議院就熱鬧起來了。

　　負面情緒開始說話，樂樂變得勢單力薄，我們原本應該感受到的快樂岌岌可危。

◆　　◆　　◆

　　剛才曾請你在紙上寫下20個情緒詞彙。現在，請把剛剛寫下的詞彙（或者你叫朋友寫的）拿出來瀏覽一下，剛剛寫下的字詞中，有幾個正向情緒？幾個負面的情緒詞彙？幫自己簡單地統計一下（若有情緒詞難以歸類，請以你第一個感覺來判斷）：

正向情緒詞彙：_____個
負向情緒詞彙：_____個

　　這個活動我在許多場合帶過，結果幾乎都一樣。

　　如果你的大腦和一般人差不多的話，我們通常會很自然地寫下比較多負面情緒詞。即便題目的描述裡，**並沒有**要求你多寫一點負面的詞彙。我曾在大家寫情緒詞的時候播輕快的音樂，不過結果還是一樣，負面情緒詞往往都贏了。

在情緒眾議院裡，負面情緒委員就是比較多。這便是大腦的預設值，避苦（負面情緒）遠比趨樂（正向情緒）重要。在五位核心成員裡，有沒有發現正向情緒只有樂樂一位呢？

大腦天生就對「壞消息」比較敏感，在尋找快樂的時候，我們常常忘記大腦這種特性。「好消息」不但時常被忽視，也很容易被淡忘。

許多人覺得，快樂是時機到了就會從天而降的情緒。但若按照大腦天生負面的設定，大概每五次裡頭，有四次從天而降的不是快樂，而是難過或其他負面心情。

（弱勢的）快樂是需要我們追求的，它鮮少平白無故到來。

快樂 NOTE

哭泣讓我放慢步伐，充分感受生命難題的重量。

——動畫《腦筋急轉彎》(*Inside Out*)

得到或失去五百塊

　　跟各位報告一個好消息，凡購買這本書的讀者，都可以在本書的最後一頁，得到一張五百元現金的兌換券。沒錯，這是一個不能在書封、網路上打廣告的驚喜，不然本書會讓出版社大賠。只有努力讀到這邊的讀者，才可以獲得這份禮物。

　　面對這樣的意外之財，你又驚又喜。

　　請選一個數字，用來表示你開心的程度（數字愈大，愈開心）：

不怎麼開心 1 2 3 4 5 6 7 非常開心

◆　◆　◆

　　一樣都是五百塊，人們「得到」五百塊的快樂，和「失去」五百塊的痛苦，強度會一樣嗎？看看你在上面，還有回頭翻閱第56頁選擇的答案，兩者數字是否一樣？

　　一般來說，相較於得到的快樂，失去的痛苦往往更強烈。我們都不喜歡損失。

　　經濟學家發現，面對同樣程度的獲得或損失（這邊都是五百元），人們在面對損失時承受的情緒衝擊，至少是

獲得時的2到2.5倍，他們稱為「損失規避」。

若以情緒眾議院的角度來看，得到五百塊時，只有樂樂感到快樂；但失去五百元時，怒怒、厭厭、驚驚、憂憂四位委員都會受到刺激而有所反應。

這些資訊再次顯示，我們大腦對負面訊息確實天生就比較敏感。經濟學家後來也發現，很多時候我們在投資、理財行為的不理性，正是因為人類是有情緒的生物，而不是完全靠理智思考的機器人。

先前，在「傳染病爆發了」那一頁，我提出了下面這個模擬情境：

在你工作的大樓突然爆發了罕見的致命傳染病，該棟大樓有600個人在裡頭。前來支援的防疫小組提出兩種因應計畫，需要身為決策者的你趕緊下一個決定……。

在第41頁與第49頁的兩次提問裡，故意設計了兩種

選項。

回頭翻翻你之前選的答案，在這裡記下你當時的選擇：

版本一：
(　　　) 選項A：可「挽救」200人性命。
(　　　) 選項B：有1/3機率挽救所有人，2/3機率無法挽救任何人。

版本二：
(　　　) 選項A：有400人會「喪命」。
(　　　) 選項B：有1/3機率無人喪命，2/3機率所有人皆喪命。

　　眼尖的讀者可能已經發現了。不管是哪個版本，選項A的結果都是一樣的：救活200人＝400人喪命。而選項B中，版本一、二的結果，以期望值來算也都是一樣。

　　換句話說，兩個版本其實本質上是完全一樣的，只是「話術」不同，一個強調「活命」，一個強調「喪命」。

　　在《快思慢想》（*Thinking, Fast and Slow*）裡，心理學家康納曼（Daniel Kahneman）表示，這種「換句話說」，

凸顯、強調不同的詞語，就能改變大家的決定。根據他的實驗結果，在版本一的情境下：

66%的民眾選擇A：可「挽救」200人性命。
33%的民眾選擇B：有1/3機率挽救所有人，2/3機率無法挽救任何人。

而在換成版本二時，大家的選擇反而顛倒過來了：

25%的民眾選擇A：有400人會「喪命」。
75%的民眾選擇B：有1/3機率無人喪命，2/3機率所有人皆喪命。

在強調正向後果（挽救）的版本一中，絕大多數人都直接選了這項，而不願冒險賭一把。在強調「喪命」、這負面又敏感的版本二中，大家改變了選擇：多數人寧願賭一把，而不願眼見他人喪命。

不管是掉錢還是出人命，人類的決策和情緒，其實深受大腦的預設值影響。當然，快樂也深受這個預設值影響，這是我們要好好留意的訊息。

盤點情緒正負比

　　接下來想邀請大家來認識一下，你腦中的情緒眾議院長什麼樣子。在這邊，我們引用的是芭芭拉・佛列德里克森（Barbara Fredrickson）博士的「正負向情緒比值量表」，幫助大家了解自己最近的情緒狀態。

　　下面描述了二十種常見的情緒，請回想看看，最近這個禮拜，你有多常感受到這些情緒？

　　針對每個情緒，請從1到4之中選擇一個分數，1分表示「我幾乎完全沒有感受到這個情緒」，4分表示「我常常感受到這些情緒」。你所選擇的數字沒有對錯或標準答案，只需要按照自己主觀感受來回想，並挑選一個答案就好：

（　　　）1. 感覺到被逗樂的程度。
（　　　）2. 感覺到生氣的程度。
（　　　）3. 感覺到丟臉的程度。
（　　　）4. 感覺到驚奇的程度。
（　　　）5. 感覺到不屑的程度。
（　　　）6. 感覺到嫌惡的程度。
（　　　）7. 感覺到尷尬的程度。
（　　　）8. 感覺到感恩的程度。

（　　　）9. 感覺到有罪惡感的程度。

（　　　）10. 感覺到猜疑的程度。

（　　　）11. 感覺受到激勵的程度。

（　　　）12. 感覺到向上提升的程度。

（　　　）13. 感覺到好奇的程度。

（　　　）14. 感覺到快樂的程度。

（　　　）15. 感覺到親密的程度。

（　　　）16. 感覺到自豪的程度。

（　　　）17. 感覺到難過的程度。

（　　　）18. 感覺到害怕的程度。

（　　　）19. 感覺到滿足的程度。

（　　　）20. 感覺到緊張的程度。

　　接下來需要用到一點數學加法，你也可以用計算機或手機來算。

　　請先把這十題「正向情緒」的答案累加起來：1、4、8、11、12、13、14、15、16、19，再把十題「負面情緒」的答案也累加起來：2、3、5、6、7、9、10、17、18、20，兩種情緒的滿分各為40。將這兩個分數取得比值，便可以算出你最近這個禮拜的「正負情緒比」：

正面總分：負面總分＝_____分：_____分

　　若想快速了解一個人最近的情緒狀態，這種簡易的正負情緒比是個很好的工具。

　　在調查裡，我們發現那些心理健康的人，他們的情緒正負比多半在2.9：1以上，約莫3：1，這個數值，是我們認為身心健康的基本指標。建議讀者定期重填上面的量表，了解不同時期自己的情緒狀態。

　　情緒正負比在3：1以上的人會過得比較開心、有活力，也更容易感受到快樂，覺得自己是個幸福的人。當然，如果你的比值大於3，若能達到5：1、6：1也是好事。

　　不過，若比值大到可能超過9：1、10：1時，就值得擔心了，這很可能是「雙極性情感疾患」（俗稱「躁鬱症」）在輕躁或狂躁發作時的狀態。正面情緒雖然很棒，但「太多」也會出事。

　　研究創意的學者發現，正向情緒對創造力有正面影響，這不令人意外。但研究也證實了，「過度正向」反而不利於創造力。負面情緒其實也很重要，不應從我們的情緒寶庫裡排除。

◆　◆　◆

　　心理學家還曾利用情緒正負比來評估夫妻之間互動的品質。

　　研究者把夫妻找來，請他們各自回想，在與另一半相處時，自己有多常感受到這些正負情緒。那些評分正負比為5：1的夫妻，婚姻通常幸福美滿；而比值是1：1的夫妻，則表示相處時的爭執多、品質不好，未來分居的機會很高。

　　還有研究用錄影的方式，把夫妻互動的過程記錄起來，交給公正的第三方研究者，利用影片來觀察夫妻互動，記錄夫妻互動時正向、負向話語的比例。

快樂 NOTE

人們只喜歡計算自己的麻煩，不喜歡計算自己的喜悅。

——**杜斯妥也夫斯基**（1821～1881）俄國作家

不要忘了正向情緒

夫妻間互動的正負比是很有價值的參考指標，婚姻治療大師高特曼（John Gottman）甚至可以透過觀察一對夫妻互動的狀況，預測他們未來的離婚率，精確度可高達九成。

附帶一提，最佳的夫妻互動關係裡，正負比接近6：1。婚姻果然是需要經營的啊。

有次朋友來訴苦，說他最近和女友「道歉的故事」。他委屈地說：「我都已經道歉了，為什麼她還是很在意，不能原諒我呢？」後來，我分享了情緒正負比的概念給他。聰明的他突然頓悟地問：「如果正負比要達到3：1比較好，這是不是表示我們需要三件好事，才能緩衝掉一件壞事帶來的情緒衝擊？」

確實，對於比較容易往負面偏去的大腦來說，一件鳥事發生而讓我們不開心時，需要額外製造三件好事，才能把情緒「緩衝」回來。後來，我朋友決定湊滿三次，再回去道歉兩次，一次帶她去吃大餐、一次帶她去看夜景。

「她終於原諒我了，謝天謝地！」

提升情緒正負比，該怎麼做？

要提升情緒正負比，直覺來說，有兩種策略。第一種是「提升正面情緒感受」，讓正向情緒再高一點。另一個策略，則是「減少負面情緒感受」，間接讓正面情緒的比例變高。

不過，人生就難在這。第二個策略其實往往是行不通的。減少負面情緒，不是靠理智做得到的事。

在面對憂鬱、焦慮、憤怒或各種負面情緒來襲時，我們的首要任務並不是把這些負面情緒「砍掉」，而是反過

快樂 NOTE

> 不愉快的經驗是生活中很自然的一部分，有些甚至還會有益處。悲傷，能軟化你的心；辛苦，能讓你更強壯；而憤怒，則讓你更有能量去處理不合理的對待。而且，你如果試圖抗拒不愉快的經驗，會阻礙它們通過你的心理和身體，反而會在四周附著。你如果對負面經驗有負面的想法，只會換來更多負面的感受。
>
> ——**瑞克・韓森**（Rick Hanson, 1952～）神經心理學家

來，必須試著去接納這些情緒。

在我上一本書《練習不壓抑》裡頭曾詳細解釋，有時太認真刻意去消滅負面情緒，我們反而會變得更不開心。原因是負面情緒和負面想法並不是我們可以「控制」的，多數時候，愈控制，事情反而愈糟。

面對負面情緒，硬碰硬並非最佳解，稍微繞個路，練習接納它，用健康方式消化它，比較划算。

負面情緒像是一種提醒，告訴我們現在有壓力了、有問題要處理了。掉了錢，會難過；被責罵，會生氣。這些情緒都很合情合理，不該被用力忽視。

若能聽見這些負面情緒在對我們說什麼，我們更可能接納它們，學習與它們共處，甚至善用這些負面情緒。

老天爺同時給了我們正面和負面情緒，想必有祂的用

快樂 NOTE

逃避不快樂，並不會更快樂。

——**法蘭斯瓦・萊洛**（Francois Lelord, 1953～）
法國作家

意。

在負面情緒作用下，身體會自動把我們的視野縮小，讓我們專注在那些壓力上。專注使我們更能有效化解當前危機；正面情緒則會打開我們的視野，讓我們更有活力去探索這個世界。

不管是縮小視野，還是打開眼界，正負情緒就像車子打檔一樣，在不同狀況下有最適合的選擇。硬要用倒車檔直線前進、用怠速檔衝刺，都不是最佳解。我們需要正面情緒，也需要負面情緒。

因此，在出發尋找快樂之前，我們在此先暫停一下，先來聽我說說「負面情緒的好話」。

3

在快樂的書中，
說負面情緒的好話

不會生氣的原始人

有雲霄飛車的遊樂園

快樂跟你想的不一樣

不會生氣的原始人

在你我還是原始人的時代，勤勞的你，花了好一陣子，終於在糧倉儲存了足夠的食物。畢竟，面對寒冬，唯有充足的食物才能確保自己熬得過去。

有天，一位不安好心的鄰居，看上了你的儲糧，打算搶過來。他面無表情地走入你家，在你眼前抱起大把食糧，緩緩往門外走去。

這時，你會做何反應？

人生 1.0：雅量優先，不會生氣的原始人

顯然，因為不會生氣、沒有反應，對方輕易地搬光了你辛苦儲存的食物。鄰居的鄰居看到了，也過來拿了一點。「你人很好」的消息不脛而走，在大家好康逗相報的狀況下，你家食物沒多久就全被拿光了。

寒冬甚至還沒過一半，沒有負面情緒、不會生氣的你，也跟著離開了這個世界。嗚。

人生 2.0：維護權利，懂得生氣的原始人

「幹什麼?!搶我食物？」你生氣了。

　　你知道憤怒這種情緒，在自己權益被侵犯、被踩線的時刻是很重要的。

　　生氣的時候，憤怒正在替你說：「這是我的東西，請你尊重！」生氣讓你的身體開始張牙舞爪，說話變得大聲而直接。對方發現你不好惹，於是打退堂鼓，連忙說抱歉後離開。你成功守住了食物，順利度過寒冬。

◆　◆　◆

　　在每個人腦中的情緒眾議院裡，除了正方，也一定會有反方。

　　負面情緒是老天爺巧妙的安排，在尋找快樂的路上，與其假裝它不存在，倒不如對它多了解一點。後面我們會提到，若能理解負面情緒背後的意義，我們還可以借助這些意義來尋找更多的快樂。

　　理解情緒的「用處」，是接納情緒的第一步。情緒本身雖然有正負向的分別，卻沒有「好壞」之分，好壞都是我們的文化、社會附加的判斷。每種情緒都有它的功能，都很重要。在應該快樂的時候快樂，在難過的時候難過，這是自然不過的事。

　　社會學家克莉絲汀・卡特（Christine Carter）用了一個很棒的比喻，她說負面情緒就像人體裡的「膽固醇」一樣，表面上對健康有害，但其實它仍有用途，是不能不存在的要角。

　　傳統觀念總說：「**生氣**只會誤事。」我常跟個案說，這種觀念不見得是對的。只是，你要懂得生氣，同時要記得，生氣的方法有非常多種。

　　不懂得生氣，有時候你的權利會受損。或者，一直憋著，從可以健康釋放的小生氣變成難以挽回的大暴怒，並非好事。

　　哭泣、難過也是華人文化裡不被鼓勵表達的情緒。「哭有什麼用？」相信這句話大家都不陌生。

　　為什麼要難過？因為難過會讓我們慢下來。慢的時候，你才看得清楚現在到底怎麼了、發生了什麼事，我們不會莽撞地再去做些什麼。悲傷的時候，我們才能好好哀悼失去的人或物，並從中學習經驗。

　　在低潮時，難過的情緒也在告訴你身邊的人：「請協助我。」在生存不易的原始時代，他人的協助對存活極為

重要。

　　男性常不允許自己有**害怕**的感覺，恐懼常常跟「膽小、懦弱」寫在一起。不過，若沒有恐懼的能力，我們可能就活不久了。來到樓頂，你的身體不自覺顫抖著，這種害怕的本能在告訴你：「嘿！這邊很危險，快點離開！」一個不會害怕的人，隨心所欲四處冒險的同時，小命也很難保住。

　　事實上，許多作奸犯科、心理病態或反社會人格者，往往都欠缺「感到恐懼的能力」。在應該害怕的時候，沒辦法害怕，反而容易做出不適當的行為。

　　在碰觸到可能有害的事物時，我們自然的情緒反應是**厭惡感**。你不妨回想一下，當你在山上路邊看到色彩鮮豔的菇類時，心頭浮現那種「噁」、不想碰它的感覺就是厭惡。（沒錯，還有其他極佳的例子，有人跟我一樣討厭香菜與秋葵嗎？）

　　厭惡情緒會阻止我們採取進一步的行動，例如，不會把那朵看起來噁心的毒菇吃下肚。在原始人時代，吃對東西非常要緊。過去沒有急診、沒有醫院，一旦吃到不乾

淨、有毒的食物，我們可能就掛了。

♦　♦　♦

牙痛時，我們會覺得痛。事情之間的因果順序是這樣
的：

事情的原因 → 原因造成的結果
牙齒出問題 → 感覺到牙齒很痛

「痛」本身只是一個訊號，提醒我們有事發生了：牙
齒出問題。因此，我們會快點採取行動：去看牙醫。

我們不會花太多時間糾結在「痛」的感覺，心想：

快樂
NOTE

誰都會生氣，沒什麼大不了。但如何在適當
的時候，用適當的方式，對適當的對象，適
當地發完脾氣，可就難了。
——**亞里斯多德**（西元前384～西元前322）哲學家

「我不允許自己有痛的感覺。」「我怎麼會痛呢！真不應該！」「男生不可以感覺痛。」

牙痛了，我們要處理的是「牙齒」，而不是處理「痛的感覺」。如果你光處理「痛」，吞幾顆止痛藥，其實治標不治本。

但，如果把牙痛換成「心痛」，我們往往會搞錯事情的因果順序：

事情的原因→原因造成的結果
失戀→感覺到難過

因為失戀，我們難過。這時，許多人很容易不小心把火力對準「難過」，質問自己：「我怎麼可以有難過的感覺？」「難過是懦弱的！」「不可以難過。」

花力氣禁止負面情緒出現，就像是在牙齒出問題時不允許痛的感覺出現一樣。當我們把心力都用來禁止它們出現時，反而聽不見「難過」這個訊號背後想告訴我們的事。

失戀了，我們真正要面對與解決的，是失戀這件事，而不是難過這件事。

偶爾負面，也可以

　　我喜歡把負面情緒比喻為防毒軟體，它的功用就是保護我們。儘管裝了防毒軟體之後，電腦會變慢，插入USB時，它會過度警戒地哇哇叫：「疑似病毒，危險！危險！」不過，我們知道它只是在盡自己的本分。雖然有點困擾，卻不會花太多力氣生防毒軟體的氣。

　　下次負面情緒出現時，請問問自己，這個情緒想告訴你什麼？你可以如何接納與表達這個情緒？接下來最適當的行動，又會是什麼？

有雲霄飛車的遊樂園

　　快樂／不快樂、正／負情緒的分野，有時比我們想得模糊。

　　你和朋友正在一串長長人龍裡，等著坐雲霄飛車。你引頸期盼，大概再一、兩輪就能搭到了。太陽好大，心好急，還要多久……。

　　終於，你們一行人上了雲霄飛車，你又期待又害怕。

　　列車開始行駛，愈來愈快。你的心噗通噗通地跟著列車加速。列車在轉彎之後達到最高速，準備駛向三百六十度的迴旋。聽著隔壁朋友的叫喊，你也忍不住叫了出來。列車駛過遊樂園偷偷安排的快照相機前，每個人猙獰的臉都被拍了下來，無一倖免。

　　繞啊繞，轉呀轉。終於，列車放慢速度，停了下來。

　　你帶著一種難以言喻的幸福感（雖然幾秒前才感覺驚嚇不已）離開坐位，回到踏實的地面上。下車後，你們一群人看著彼此驚恐而猙獰的照片哈哈大笑。

　　如果有位不知道雲霄飛車是什麼的史前人類在旁目睹一切，他一定滿臉黑人問號，詫問：「他們為什麼要這樣虐待自己？」

◆　◆　◆

　　雲霄飛車是個弔詭的發明，大概只有人類會追求這種快感了。不過，這個弔詭的遊戲卻完全仰賴「負面情緒」才能運作。如果我們沒有害怕與驚恐的能力，就無法體會下車之後的舒緩與快感。

　　快樂和痛苦有時只有一線之隔。許多時候，在我們追求快樂之前，要先願意靠近痛苦。這種例子其實還不少，恐怖片是另一個好例子。

　　到底，這類型電影的愛好者，在看鬼片、恐怖片、驚悚片時，是出於怎樣的心態？我問過身邊一些鬼片愛好者，看鬼片是在追求什麼？得到的答案很簡單，就是一個字「爽」。這種特殊的快感，大概僅屬人類有了。你家的狗絕對不會咬著《七夜怪談》的DVD，向你搖著尾巴，用牠無辜的眼睛說：「我想看！我想看！」

　　恐懼、害怕、擔憂都是負面情緒，卻也同時是許多快感的根源。不僅如此，適當的恐懼與害怕，其實還對身體有些正面的幫助。

　　電影公司曾做過一個趣味的研究，發現在看完《鬼店》、《大法師》或《異形》這些恐怖片之後，身體可以

燃燒約一百五十單位的卡路里，相當於成人散步半小時消耗的熱量。

在看完恐怖電影《德州電鋸殺人魔》之後，觀影者身體的免疫系統居然暫時增強了，身體開始動員，好像真的要開始對抗眼前的壞人一樣。

對人類來說，受驚嚇還有一個額外的「好處」，就是增加我們的社交行為。想像一下，如果《七夜怪談》裡的貞子正追著你，實在有夠慘的。但這時若身邊有個人陪著你一起被追，感覺真的會好很多。在害怕與恐懼的時刻，我們會團結起來，更願意與他人合作，提升彼此的生存機率。

恐懼也可以回答一個世紀之謎：「為什麼男生在追女生時，總要帶對方到某座深山去看夜景、看星星？」上山

快樂
NOTE

所有痛苦都有害，但不是所有的痛苦在本質上都得拋而棄之。
——**伊比鳩魯**（西元前341～西元前270）哲學家

之後，明明到處都黑漆漆的，夜景什麼的有時得靠運氣，反倒是有一堆現成的蚊子。

　　心理學的解釋是這樣的：在人生地不熟的地方，第一次上山的女生常油然而生一股恐懼感。而面對這種心跳微微加速、有點緊張的身體感覺，女生時常會產生混淆，心裡可能想著：「咦，為什麼我會有這種感覺？難道我對他有意思嗎？」

　　對大腦來說，身處不安全的地方，沒有什麼比「身旁的人」更重要了，這無形中替想追人的男生做了助攻。而平安下山後，恐懼解除的感覺也可能讓女生心生錯覺，認為：「咦，這個男生好像還不錯……。」

　　除了因恐懼而快樂之外，人類也是少數能因為「痛」而快樂的物種。

　　身為不吃辣的人，很難體會吃辣的人到底在想什麼。許多嗜辣如命的人表示，他們吃辣時追求的不外乎「爽」字。

　　查了資料之後才知道，我們常說味覺有「酸甜苦辣鹹」，並不正確，辣其實不是味覺，而是一種痛覺。不信的話，你可以用手觸摸辣椒，摩擦一陣子後，手指也能感

受到麻麻的痛。辣椒素刺激受體後產生的灼熱感，相當於摸到攝氏43°C的物品。

這種「因痛而爽」的例子，除了吃之外，還出現在人類的性行為中。電影《格雷的五十道陰影》上映後，讓一些不那麼廣為人知的性愛形式成為話題，像是綁縛、性調教、施虐、受虐等等。

這些性愛形式，都參雜著身體上的痛與情緒上的負擔（如受到支配、遭到虐打等）。不過，對某些人而言，這些生理與心理的痛，反而帶來了難以取代的愉悅。

倘若把害怕、恐懼這些情緒都從我們身上拿掉，人類生活會頓失許多樂趣。

快樂
NOTE

世間沒有不含些許辛酸的快樂。
——**巴爾札克**（1799～1850）作家

快樂與不快樂可以共存。

「不快樂」不一定是「不快樂」的。

有時,「不快樂」也可以是「快樂」的。

快樂跟你想的不一樣

好了，說完負面情緒的好話。我們終於要言歸正傳，開始聊聊快樂了。

不知道讀者是否還記得，我們在前面曾提過，大腦可以簡單分成「爬蟲腦」（最內層）、「哺乳腦」（中間層）和「靈長腦」（最外層）三塊。

對爬蟲腦而言，活下去是最重要的事，因此它的首要任務，就是避開危險。而靈長腦負責的是思考、規劃、決策。如果說，不同層大腦的特性不同，那它們想要的快樂會一樣嗎？

確實不一樣。

我們可以把快樂粗略分成兩類：一類比較強烈，白話地說，就是「爽」、開心啦！這種快樂稱為「愉悅感」。另一種快樂比較平淡些，通常很主觀，但可以維持久一點，稱為「滿足感」。

爬蟲腦與愉悅感

對照大腦分層，負責生存本能的爬蟲腦，與我們的愉悅感比較有關。吃大餐，讚！睡覺，開心啦！性行為，爽！打瞌睡，舒服！

　　對爬蟲腦來說，任何能讓我們活著的事，就是讓它感到愉悅的來源。這種由欲望驅動的快樂，多半發生在生存本能被滿足的時候。

　　愉悅感會鼓勵我們繼續這麼做，多吃飯、多喝水、多睡覺、多呼吸、多發生性行為……為了確保生命的維持與延續，老天爺給爬蟲腦愉悅感，鼓勵我們多做這些事。

　　在課堂上累到不行而酣然入夢的時候，爬蟲腦是快樂的。

　　飢腸轆轆時，大快朵頤一頓美味餐點，爬蟲腦是快樂的。

靈長腦與滿足感

　　靈長腦要的快樂不是爽的感覺，它喜歡想事情、喜歡做決定，它在意每件事情背後的「為什麼」，它想知道自己在做的事情有什麼意義。因此，如果我們在做的事情是有意義的，我們知道自己在做什麼，不管這件事情做起來爽不爽，甚至會帶來痛苦，靈長腦都能從中找到滿足感。

　　靈長腦的快樂被「意義」給驅動，通常是一種從自己內心出發、由內而外的喜悅。

　　而這是源於那些不需要別人逼著做、我們自己真心想做的事。

◆　　◆　　◆

　　有時，愉悅感和滿足感彼此會衝突。爬蟲腦和靈長腦會打架，互相控訴：「爽到你，艱苦到我。」爬蟲腦很愉悅時，靈長腦不滿足；或者爬蟲腦不愉悅時，靈長腦卻很滿足。

　　兩層腦區之間的衝突，恰可以解釋之前提到「壞掉的快樂」這種現象，例如暴飲暴食的習慣。在狂吃的當下，明明就很開心（愉悅），但不知為何，緊接而來的卻是一陣空虛（不滿足）。

　　站在爬蟲腦的角度，吃東西是愉悅的。在原始時代，有東西吃才能確保存活，特別是充滿脂肪、糖分的食物。多吃這些東西之後，我們可以撐很久都不用再進食。

　　因此，爬蟲腦特別容易受到高油、高糖、肉類等食物的吸引。暴飲暴食的時候，你的爬蟲腦愉悅地說：「太讚了，多吃、多吃。」

　　不過，把鏡頭轉到靈長腦那邊，又是另一個故事了。

　　相較於大吃大喝，靈長腦更關心的其實是健康、自我形象、別人怎麼看自己等涉及意義的概念。大吃大喝時，靈長腦的心情想必很複雜，它說：「我要健康，但我現在到底在做什麼？」

　　「聽演講」是一個相反的例子。學習新知識對某些人的靈長腦而言，是一件充滿意義的事。我們喜歡學習，知道自己此刻為什麼要學習（通常是為了一些更高層次的目的，例如健康、為了追求更好的生活等），我們因而感到滿足。

　　不過，在聽演講的時候，爬蟲腦可就苦了。

　　此刻它正餓著肚子、帶著睏意、覺得冷氣太冷、好想快點回家睡覺……對爬蟲腦來說，聽演講無法「直接」滿

快樂
NOTE

如果沒有悲傷與之平衡，「快樂」這個詞將失去意義。

——榮格（1875～1961）心理學家

足生存需求，甚至有點違背生存條件，因此，我們會聽得很滿足，卻不愉悅。

　　爬蟲腦與靈長腦的爭奪戰，這種兩難在追求快樂的路上十分常見。

　　沒有靈長腦的生物（好比你家的貓或狗），並不會追求意義。在生物圈中，這種意義帶來的滿足感其實很罕見，幾乎算是人類專屬的感受。

　　不過，這不表示愉悅感就是不好、次等或不重要的。只是，如果沒有清楚地認識愉悅感，就很容易陷入「壞掉的快樂」陷阱中。

　　過度仰賴本能過生活、過度追求愉悅，容易危害身體健康。當然，只重視追求意義而荒廢生物本能的愉悅，這種苦行僧的生活，也不是最理想的快樂選擇。

　　真正完整的快樂，兩者缺一不可。

　　人生好難。追求愉悅感和獲得滿足感的方法，截然不同。認識它們的特性與差異，是獲得它們之前必做的功課。我們先從愉悅感開始聊起。

4

愉悅感的使用說明書

一天二十杯拿鐵：享樂適應

「喜歡喝拿鐵嗎？」

「喜歡。」

「一天一杯好嗎？」

「嗯嗯，還不錯！」

「一天給你兩杯，不用錢！」

「哇，真的嗎？」

「那每天都給你二十杯，讓你喝到飽，好不好？」

「嗯……我考慮一下。」

◆　◆　◆

吃、喝、拉、撒、睡、性，各種可以滿足原始本能的事，都會讓爬蟲腦開心。

愉悅感根基於感官經驗，也就是我們所看、所聽、所聞、所吃、所觸碰的事物。這種快樂很直覺，來得也快，不太需要思考。

古蒙仁在〈吃冰的滋味〉裡如此描述刨冰：「端在手中，一匙一匙挖入嘴裡，冰花瞬即溶化，溶入舌尖，那種沁涼暢快的感覺，足以將豔陽溶化掉。」這就是一種愉悅感，事發當下，說來就來；但壞消息是，它來得快，去得

也快。

　　下班前，主管臨時決定請大家吃晚餐。這好康來得突然，讓大家開心不已。而且，你們要去的還是那間好久沒吃的餐廳。食材新鮮，讓你吃到飽，真是太爽了！大夥吃吃喝喝，過了一個又飽足又歡樂的夜晚。

　　飽餐一頓之後，在搭車回家的路上，滑起手機一看，朋友傳來的訊息寫著，明晚要幫一位朋友慶生。

　　「慶生？好啊！」你心想。

　　「吃哪一家呢？」你繼續往下讀。

　　「嗯？又吃吃到飽啊……。」

　　慶生地點，恰好是你今晚去的那家餐廳。

　　「嗯……好啦。今天吃過，反正很好吃，再吃一次也OK。」

　　假設不幸地，第三天，你的家人也打算在同一家餐廳聚餐。你會怎麼想？

　　「饒了我吧！」相信許多人會這麼說。

　　這正是愉悅感的第一個特性：它很容易習慣。快速而重複地接受那些讓人感到愉悅的美好事物，反而會讓它開始不再美好。

同時，為了得到「之前」曾經有過的愉悅，我們不得不更上一層樓。

第一次買名牌包，花了幾千、上萬元，雖然心痛，卻好過癮，這是愉悅。下一次，若花錢再買一個價格差不多的包包時，你感受到的愉悅便可能開始褪色。你需要掏出更多錢，買下的新包包才能讓你重拾「第一次」買名牌包時的愉悅。

為了留在這一刻，享受（維持）目前的愉悅，我們必須不停地往前跑。這種愉悅感容易習慣化的現象，又稱為「快樂跑步機」。

只是，體力終究會耗盡、錢會用完、美食會吃膩，愉悅感的高峰就在那裡，而且一次比一次還要難上去。不管愉悅感多強烈、多深刻、多高潮迭起，我們終究會適應它。這也稱為「享樂適應」。

過度追求愉悅，「快樂」就會變成「壞掉的快樂」，而這正是許多成癮行為背後的原因。

成癮指的是一種難以控制的重複性行為。讓人成癮的，也許是吸食毒品後短暫的輕飄飄感覺，又或者是瘋狂血拚、大吃大喝、沉迷網路時的愉悅感。即使我們知道這

些行為會造成不好的後果，仍難以自拔。

　　一開始，成癮行為多半就只是在追求愉悅感而已。不過，因為我們會適應愉悅感，等身體習慣之後，我們便得一次又一次地買更多、吃更好、抽更多菸、喝更多酒，才有辦法感受到一開始那麼強烈的愉悅感。不知不覺中，我們就困在這種壞掉的快樂裡頭。

　　愉悅感會習慣，這不利於快樂的事實，卻是老天巧妙的安排。

　　在你專注地享受某件讓你愉悅的事物時，太過耽溺其實是很危險的。好比你正吃著眼前的大餐，太專注在食物

快樂 NOTE

沒人受得了一輩子快樂，那簡直就是人間煉獄！

——**蕭伯納**（1856～1950）劇作家

幾歲開始不想唱KTV……

上，可能就沒發現後方悠悠走來一頭熊！原來，愉悅感不
能持續存在，有其安全上的考量。

　　另一個愉悅感不宜久留的原因是，在愉悅時，身體其
實處於耗能狀態。長期過度處於興奮狀態，身體不一定承
受得住。那些因吸毒過量而暴斃的新聞事件，正是因為嗨
過頭，身體承受不住過量刺激而導致的悲劇。愉悅感無法
停留太久，這種適應現象其實是保護機制。

　　心理學家丹尼爾‧吉伯特（Daniel Gilbert）曾提出一
個問題：「贏得百萬樂透獎金的人，和失去雙腳的人，在
一、兩年之後，誰比較快樂？」

　　這有什麼好比的？當然是中樂透的人快樂啊！

　　在事發當下確實如此，不過，因為享樂適應的關係，
一年之後，不管你是中樂透的幸運兒，還是失去雙腳的苦
主，每個人的快樂都會因為習慣化而回到本來的程度。

　　這就是習慣化，愉悅感的第一個特性。

歸零的快樂

　　還記得拿到新手機時，那種雀躍不已、對它百般保護的感覺嗎？當時，你視它如珍寶，小心翼翼，急著帶它去包膜、裝殼，深怕它身上多了那麼一道刮痕。

　　不過，大概六個月過後，一切都變了。

　　這支曾經意義非凡的手機，悄悄變成生活中的「理所當然」。

　　拿著同一支手機的你快樂嗎？好像有，卻又感受不到。

　　拿著這支陪你許久、曾經讓你開心不已的手機時，你可曾變心，想快點換一支新的呢？

　　沒關係，這是人之常情。

　　「理所當然」這四個字多半給人負面的感覺，我們會說，「別人的付出並不是理所當然的」、「對一個人好從來都不是理所當然的」。不過，我們可能沒發現，其實你我的生活中，充滿大量的理所當然，剛剛的手機就是一個例子。

　　不過，要再次找回你與手機初次見面時的快樂並不

難，只要把手機從你的生活中拿走幾天就可以了。在體認到「失去手機」而感到痛苦的那一刻，我們又再次擁有了「因它而快樂」的能力。

當然，我們並不是要你三不五時就把手機搞丟，只為了找回初次跟它相遇的快樂。心理學家發現了其他變通之道。

◆　◆　◆

走在大學校園裡，你經過一間神祕的實驗室。研究人員站在門口對你微笑，說：「你好，歡迎來參加我們的巧克力調查。」你要做的事情再簡單不過，就是吃吃巧克力，然後填填問卷，告訴研究者你覺得這塊巧克力是否美味、吃完感覺快不快樂。

你可能以為這是一個市場調查，想知道新推出的巧克力是否符合大眾的口味。不過，吃完巧克力、填完問卷之後，實驗其實才剛開始。

研究者把實驗參與者隨機分成兩組。一組幸運兒，在他們填完問卷之後，將領到一公斤的巧克力。研究者對他們說：「謝謝你參加今天的實驗。接下來七天，當你想吃

巧克力的時候就吃，吃多少都沒關係。」

　　另一組參與者相較之下沒這麼幸運，研究者要求這些人給出一個不太合理的承諾，請他們保證自己在接下來的七天裡都不能吃巧克力。

　　如果你已經知道「享樂適應」的概念，七天後的結果你一定不意外。

　　那些七天沒碰巧克力的人，再次與巧克力相逢時，仍覺得美味極了。而那些「想怎麼吃就怎麼吃」的幸運兒，七天後變得相當不幸。他們說，巧克力不再那麼美味了。

◆　◆　◆

　　回到生活裡思考看看，哪些東西能帶給你愉悅感？而你多常接觸它們？

　　如果你喜歡咖啡，與其天天喝，不妨試試三天喝一杯。如果你是手機的重度依賴者，與其時時刻刻滑，要不要練習一整天不用手機看看（雖然有點殘忍）？或者，至少在上課、開會、該專心的時候這麼做。

　　我將這種做法稱為「自發性的歸零」，能有效阻止我們習慣化，重新找回某些愉悅感。定期歸零，還能避免快

樂變成「壞掉的快樂」。

不知讀者是否還有印象，很久以前，那是個八點檔一天一集、一次一小時的年代。名偵探柯南甚至很過分地一週才播半個小時（好想知道兇手到底是誰啊）。小時候，我們都曾幻想過：如果有一個電視台沒有廣告，整天都在播柯南，該有多好。

過了幾十年，小時候我們許下的願望，某種程度都在網路上實現了。

在網路上，現在你要看什麼電影、影集或戲劇，幾乎都可以直接購買，或透過影音串流平台取得。花個兩、三天追完一部影集或偶像劇，並不難。

但這種進步，對快樂來說是好事嗎？我自己的經驗是，沒日沒夜追完某部影集、快速了解劇情之後，反而常感覺空虛。

對愉悅感來說，廣告其實是一個重要的安排 —— 它是一種短暫的歸零。

研究發現，穿插廣告的節目，反而增加了閱聽人觀看節目時的整體樂趣。惱人的廣告，會讓我們更期待接下來的劇情進展。我們會急著趁廣告期間，快速衝去上廁所，或者跑到廚房夾菜，是吧！

◆　◆　◆

　　稍微歸零、忍耐一下，就能換來更大的快樂，這種交易其實很划算。不過，對不了解愉悅感特性的人來說，他們往往不願意這麼做。這回，心理學家在按摩店臥底做了一個實驗。

　　（奇怪的）心理學家潛入按摩店，在顧客開始按摩前打岔問道：「先生，你好，想問你喔，如果整個按摩療程一口氣做完，期間不中斷。這樣子安排，你會不會比較享受？」結果，七成五的顧客都這麼認為。

　　心理學家問完之後，並沒有就此離開。在某些顧客後續按摩時，研究者刻意安排了一些橋段，使按摩不得不中斷。按到一半，按摩人員會藉故暫時離開，請顧客先休息一下。

　　事後，研究者詢問這群遭到打斷的顧客，是否享受這次的按摩經驗。結果，相較於一口氣做完整個療程的顧客，那些被打斷的顧客反而更享受，也表示下次按摩願意付更多小費。

　　想破解愉悅感「習慣化」的宿命嗎？試著跟你最愛的那些美好事物暫時說再見，常常自主歸零吧！小別勝新婚，確實有道理。

比較是快樂殺手

「加薪囉！」對許多人來說，這是個好幾年不曾提起的字眼。

「加多少？」

「年薪加五十萬！」天啊，拜託、拜託，快來。這數字也太夢幻了！

但你可知，即便加薪五十萬，也不一定能讓某些人快樂起來嗎？

除了心想「太可惡了，到底是誰」之外，我們更納悶的是，為什麼會這樣呢？這牽涉到愉悅感的第二個特性，「愉悅感是相對的」。

對月薪兩萬多的上班族而言，加年薪五十萬是極大的福音。不過，同樣的調薪，對某些人來說卻是還好，例如年薪上千萬的董事長。

像這樣因比較、差異而使我們感受到不同程度的愉悅，就是一種「相對性」。

◆　◆　◆

運動比賽的高潮，除了發生在第一名選手到達終點的

瞬間，也常發生在頒獎典禮的時候。猜猜看，在頒獎典禮上，第一名、第二名、第三名，誰的臉最快樂？

研究人員出席各大運動賽事，拍下頒獎典禮時前三名選手的臉。接著，將照片裡選手的臉擷取出來，只保留完整的大頭照。之後，他們將這些大頭照全部打散、隨機排列，用電腦呈現給大學生看。

看完每張臉後，學生要一一評分：「你覺得照片裡的這個人，他／她看起來多快樂？數字愈大，表示你覺得他／她愈開心。」

若以「現實條件」來看，最快樂的人理應是冠軍，其次是第二名與第三名選手。結果卻不是這樣。在統整最後的評分之後，看起來最快樂的臉是第一名（沒辦法，畢竟人家真的拿到第一名啊），但第二快樂的人卻是第三名。

如果我們有一台讀心器，在頒獎典禮時，想必可以聽到很多第三名選手在吶喊：「好里加在（台語）！差點就沒辦法上台了！爽啊！」第二名內心的吶喊則是：「X的，有夠嘔！差點就是第一名了⋯⋯」

是不是？愉悅感這種快樂，跟「比較」很有關係。

◆　◆　◆

比較是人類常見的心理，但有時為了在心裡「比贏」，讓自己感覺舒服，我們也常因此做出一些不太理性的決定。

在一個實驗中，參與研究的人可以自己決定模擬情境的起點是什麼。

情況一：你年薪150萬台幣vs.別人75萬台幣
情況二：你年薪300萬台幣vs.別人700萬台幣

一般狀況下，情況二其實比較理想，年薪三百萬是多少人夢寐以求的報酬。不過，參與研究的人看到別人的年薪居然比自己高，往往不選擇情況二。出於比較心態，許多人寧願選擇情況一，也不要選情況二。

比較效應無所不在，經濟學家艾佐‧魯特莫（Erzo Luttmer）曾做過一項調查。

他找了一群年收入差不多的人，分析他們所住的區域，將這群人分成兩組：一組是住在整體而言跟自己差不多富裕的社區，另一組則是住在年收入比自己略低的社區。你可以猜猜，在年收入差不多的基礎下，哪一組人過

得比較快樂？

　　許多人認為，經濟條件變好之後，理應要往更高級、更舒適的地方移動。不過，這個調查發現，那群住在整體而言富裕社區裡的人，反而比另一群人還要不快樂。

　　背後可能是因為，在那樣有錢的環境下，鄰居之間彼此有太多東西可以比較了。比車、比房、比小孩學的才藝，永遠都比不完；而愉悅這種情緒，是不堪比較的。

◆　◆　◆

　　網路時代，比較這個快樂殺手更是暢行無阻。

　　英國皇家公共衛生學會曾針對Facebook、Instagram、Twitter這些社群平台用戶的心理狀態做了調查。結果發現，常常使用這些社群平台的人，往往睡眠品質不佳，許多用戶還出現焦慮、憂鬱、孤獨等情緒。

　　相關研究發現一種稱為「臉書憂鬱症」的現象，目前幾個調查的初步結論是：

□ **愈常使用臉書的人，心情會愈來愈糟。**
□ **使用臉書的時間愈長，對人生更容易不滿。**

☐ 憂鬱症患者的手機使用率（每天約68分鐘），是沒有憂
　鬱症狀者的三倍（每天約17分鐘）。

　　曾帶給我們許多歡樂、歸屬與社交連結的臉書，怎麼
反而讓我們變得不開心了？一個可能的原因是，臉書雖然
讓資訊流通，卻也讓「比較」變得容易。

　　滑一下你的臉書，一般而言，我們很少在臉書上一一
細數、公開展示自己的「不幸」。相反地，放眼望去，臉
書上分享的幾乎都是好消息：誰升遷、誰結婚、誰脫單、
誰買車、誰買房、誰跑去旅遊了……。

　　看到這些好消息時，我們的內心難免比較：「為什麼
某某正在日本開心地旅遊，而我現在只能在家裡看這本快
樂的書……。」

快樂
NOTE

我們總是忘記，快樂不是源於得到自己沒有
的東西，而是認清並珍惜我們擁有的一切。
——**弗瑞德李奇・柯尼格**
(Friedrich Koenig, 1774～1833) 德國發明家

◆　◆　◆

　　「比較」讓人不快樂，這個現象甚至可以轉化成一個數學公式。2016年，拉特利奇（Robb Rutledge）和其他四位研究者做了一系列研究後，把實驗者感受到的快樂，寫成這個公式：

$$\textbf{快樂}(t) = w_0 + w_1 \sum_{j=1}^{t} r^{t-j}CR_j + w_2 \sum_{j=1}^{t} r^{t-j}EV_j + w_3 \sum_{j=1}^{t} r^{t-j}RPE_j$$

$$+ w_4 \sum_{j=1}^{t} r^{t-j}\max(R_j - O_j, \, 0) + w_5 \sum_{j=1}^{t} r^{t-j}\max(O_j - R_j, \, 0)$$

　　第一次看到這個公式時，我也傻住了。不過，把公式每一項拆開來理解，就會發現這個公式其實很有意思。

　　總共有47位彼此互不相識的人參與研究，在隨機分組之後，參與者必須按照指示完成任務。有些任務需要賭一把，可能會輸錢或贏錢；有些任務獲得的報酬則是可預測的，不用賭。

　　在執行任務的時候，參加實驗的人可以看見其他組員

贏錢、輸錢的狀況。

　　同時，在執行任務的特定時刻，實驗者也會一一詢問每個人當時覺得自己有多快樂。

　　在不用賭博的任務裡，實驗參與者得到的錢是 w_1 這一項，稱為「有把握的報酬」（certain reward, CR）。而在賭一把的任務裡，參與者得到的錢是 w_2，因為有輸有贏，稱為「有輸有贏的報酬」（average reward, EV）。快樂跟這兩項有關係，這很直覺，贏了多少錢、拿到多少錢，自然會影響我們的快樂。

　　不過，還有其他幾項影響快樂的因素。w_3 這項，指的是在任務執行過程中，我們「實際得到的錢」與「自己內心期望得到的錢」兩者的落差，稱為「增強預測失誤」（reinforcement prediction error, RPE）。

　　針對 w_1、w_2、w_3 這三項因素，哪個因素最能影響參與者的快樂呢？是有把握的報酬、有輸有贏的報酬，還是增強預測失誤呢？

　　統計分析發現，參與者實拿的錢（也就是 w_1 和 w_2 這兩項）雖然會影響快樂，卻不是最有力的預測因子。

　　最能影響快樂的，是參與者在心中「比較」的行為，也就是參與者實拿的錢和期待拿到的錢之間的落差

（w_3）。這剛好可以解釋實驗者觀察到的怪現象：隨著遊戲進行，參與者拿到的錢基本上是穩定上升的，從一開始的台幣800元增加到1,150元，但他們的快樂卻沒有跟著變多；原來是「比較心」減少了他們感受到的快樂。

還有兩個因素可以預測快樂，就是w_4與w_5兩項，也都跟「比較」有關。

因為實驗採分組進行，參與者可以知道夥伴的獲利狀況。如果自己贏了、夥伴也贏了，我們會很高興。不過，如果自己贏了、夥伴輸了，我們會因為比較而感受到「優勢不平等」帶來的內疚，使得快樂程度降低（這是w_4這一項，受試者R_i獲得的報酬高於夥伴O_i）。

如果自己輸了、夥伴也輸了，我們可以理解，也比較容易接受。但若我們輸了、夥伴卻贏了錢，我們則會因為比較而感受到「劣勢不平等」帶來的忌妒，使得快樂程度降低（這是w_5這一項，夥伴O_i獲得的報酬高於受試者R_i自己）。

簡言之，「比較」所引發的落差，不管是跟自己比、還是跟他人比，都可能帶來相關的負面情緒，進而影響我們感受到的快樂。

　　從起床到現在，你今天是否曾在心裡不小心「比」了什麼？若我們對於自動自發的「比較心」有更多覺察，就更能找回快樂主控權。

快樂是主觀的

　　某次回家，看到桌上擺了一瓶礦泉水，是便利商店裡賣的那種高級礦泉水，價格不菲。瓶蓋已經打開，喝了一半。我心裡一邊嘀咕「是誰買的，真浪費錢」，一邊想說喝喝看。

　　嗯……喝起來的感覺還真不錯。

　　「不愧是名貴的礦泉水，喝起來果然不一樣。」

　　一邊覺得好喝的同時，也一邊感慨，難道名貴的東西真的能帶給我們比較多快樂嗎？

◆　◆　◆

　　當一個產業開始專業化後，就會出現不同價格與定位的商品。

　　以葡萄酒為例，在產業區分下，我們有入門的日常餐酒、地區餐酒、優良地區餐酒、特定產區葡萄酒，還有最高級的優質酒。

　　這是否跟愉悅感有關呢？是不是愈好的東西能帶給我們愈多快樂？

　　研究者精心準備了兩瓶加州出產的紅酒，一瓶價格是

10美元（約300元台幣），另一瓶是90美元（約2,700元台幣）。

　　然後，請參與實驗的成員逐一進入「功能性磁振造影」（fMRI）的儀器裡。這台機器可以觀察我們腦中血氧濃度增加的程度，當某個腦區愈活躍，就表示那邊需要更多氧氣，研究者可藉此觀察腦區的反應。

　　進入儀器後，研究者會告知參與者：「您好，歡迎參與這次實驗，現在要讓你品味的是台幣300元的紅酒，準備好我們就開始囉！」

　　有的成員先品味300元的酒，有的先品味2,700元的紅酒，然後交換。在品酒的同時，儀器會一邊記錄大腦的變化。

　　不過，參與者並不知道，這兩瓶價格不同的酒，其實根本就是從同一瓶酒分裝出來的（沒有任何參與者因這個研究受到傷害，研究者事後會向學生說明真相，並處理他們的情緒）。

　　照理說，本質上「一模一樣」的葡萄酒，在腦中引發的反應應該差不多才是，但參與者的大腦可不這麼想。

　　在品嚐（聽起來）比較昂貴的酒時，參與者大腦皮層

的額葉中區變得特別活躍。這個腦區，是我們在進行決策與判斷的位置。看來，價格的資訊活化了我們這部分的大腦。

不過，負責分析味覺的腦區，也就是延腦與視丘一帶倒是很中肯，不管是300元，還是2,700元的酒，在品嚐時反應都差不多。

這個（尷尬的）研究給了我們第一個小啟發：當我們「認為」一個東西是高級、有品質的時候，我們確實會感受到比較多愉悅。不過，在這裡有一個不該忽視的關鍵字是「認為」兩字──「認為」是主觀的，並不是指物品本身的客觀品質。

◆　◆　◆

人類的感官能力不如想像中那麼強。說實在的，我們不是很能分辨物品的品質。在剛剛的研究中，多數參與者幾乎沒有發現這兩瓶價格不同的酒，其實是同一瓶酒。

商品的品質落差很大時，要分辨好壞很簡單。不過，若商品的品質高於一定水準，就很難光靠感覺判斷孰優孰劣了。再來看看另一個還是跟酒有關的研究。

　　研究團隊準備了四種品項的紅酒、四種品項的白酒（見下頁表格）。針對這八種酒，研究者各自找來「高級版」和「平價版」。這次真的沒騙人，有一瓶確實是比較昂貴的高級酒。

　　以法國香檳為例，高級版的價格是29.99英鎊（約合台幣1,200元），平價版是17.61英鎊（約合台幣700元）。雖然高級的東西能帶給大腦較多愉悅感；不過，研究者想知道的是，民眾有能力分辨什麼比較高級嗎？

　　答案揭曉，在四類紅酒中，參與者正確猜出高級版的比例依序是51％、46％、49％、39％；而白酒的正確率則是51％、53％、59％、52％。數字看來亮眼；不過，這樣的正確率，其實跟隨機丟硬幣決定的結果差不多，都是50/50。

　　酒帶給我們的第二個小啟發是：雖然我們「覺得」高級、厲害的東西，會讓我們比較快樂。但是，對於分辨什麼是真正所謂的高級，我們並不擅長。

　　我們的感官能力相當有限。感冒鼻塞的你，在缺乏嗅覺的協助下，若閉上眼睛，甚至難以分辨眼前喝下的是紅酒，還是咖啡；嘴裡咀嚼的是馬鈴薯泥，還是蘋果泥。一

白酒的品項	高級版	平價版	猜對哪瓶比較貴的正確率
法國香檳	台幣約710	台幣約 1,209	51%
澳洲白蘇維濃	台幣約200	台幣約383	53%
灰皮諾	台幣約173	台幣約383	59%
澳洲夏多內	台幣約200	台幣約443	52%
紅酒的品項	高級版	平價版	猜對哪瓶比較貴的正確率
梅洛	台幣約193	台幣約422	51%
利奧哈	台幣約181	台幣約604	46%
澳洲希拉茲	台幣約191	台幣約516	49%
紅葡萄酒	台幣約140	台幣約645	39%

心理學家不是都這麼愛喝酒

位熱愛研究日本食物的朋友也曾說，在日本的刨冰店裡，每種口味的刨冰醬其實成分都一樣，只是色素導致的顏色差異，就能讓我們吃起來感覺不一樣。

百貨公司的商品，之所以讓許多人愉悅，正是因為它放在百貨公司裡。同樣的東西，拿掉商標之後放在路邊，帶給購買者的愉悅就變質了，即便那明明是一樣的東西。

下次，當你決定用名牌、高級品兌換愉悅時，記得想想酒的實驗。

對了，後來家人告訴我桌上那瓶高級礦泉水，其實早就被喝光了。空瓶子裡裝的水，是家裡飲水機的水 —— 我每天都在喝的那種。

喜 歡 不 等 於 想 要

不知道你有沒有聽過這樣的抱怨:「為什麼男朋友在追我之前,對我百般呵護,視為珍寶。可是,一旦追到手(正式交往)之後,卻常常把我晾在一旁。這種落差到底是怎樣?我沒辦法接受啦!」

先前,我們提到大腦裡頭有一些小小的分子,稱為「神經傳導物質」,這些物質稍微的改變,都會影響我們的情緒。

在這裡,我要簡單介紹兩種神經傳導物質給大家認識,分別叫做「多巴胺」與「血清素」。這兩種物質的不同特性,剛好可以給剛剛那位女生一個解釋。

多巴胺與「想要」有關,而血清素則與「喜歡」有關。這兩個字看起來有點像,但本質上完全不同。

「想要」指的是追求某個東西的動作,是我們朝思暮想、卻還沒到手的狀態。好比三天後要搶某個歌手的演唱會門票,但這幾天什麼都不能做,只能乖乖倒數,此時心中的感覺正是小小興奮、卻又擔心無法得到的期待。在腦中,讓我們感覺想要、感覺期待的,就是多巴胺這個物質的工作。多巴胺的口號是:「我要!我要!」

　　而「喜歡」指的是，在我們拿到好東西之後，這個東西帶來的好感受。亦即我們真的搶到門票，參與演唱會的當下，沉醉其中，那種享受的感覺。喜歡的感覺主要由血清素負責，血清素的口號是：「這真的好棒！好享受！」

　　多巴胺和血清素運作的方式不太一樣，兩者各自獨立，卻也會互相影響。

　　在實驗室裡，研究者把老鼠腦中負責想要的多巴胺系統破壞之後，老鼠的血清素系統還是正常的，牠依然會快樂、會享受，保有「喜歡」的能力。

　　只是，多巴胺壞掉的老鼠，不再「想要」任何會讓牠快樂的事物了。牠不再追求吃東西、交配與遊戲的機會。這種狀態跟人類的憂鬱很像。憂鬱時，我們還是有快樂的能力，只是再也不想主動追求快樂了。

　　你可能想問，研究者又不是老鼠，怎麼知道老鼠快不快樂呢？這多虧了每天陪在老鼠身邊的實驗者提供的第一線觀察。人類快樂時會微笑。小老鼠在喝到甜甜的糖水時，則會把舌頭伸出來，舔舔自己的嘴唇。研究者發現，這是老鼠展現快樂的一種具體行為。

　　透過手術破壞老鼠腦中「想要」的系統後，老鼠不再

主動尋覓糖水了，就好像迷惘、缺乏目標的人一樣，沒有特別想去哪裡。不過，若實驗者主動把糖水靠近牠嘴巴，牠還是一樣會出現「表示喜歡」的舔嘴唇行為。

◆　◆　◆

「想要」帶來的快樂，和「喜歡」帶來的快樂不太一樣。區分兩者是重要的，因為我們常常把兩者混在一起。

「想要」帶來的愉悅是很強烈的。這種強烈，會讓我們誤以為東西到手時，我們一定會非常開心，非常「喜歡」。

逛著網拍，你好想好想買到那個限量商品。我們會在心裡預言，要是真的搶到那個東西，一定會超級快樂的。

不過，我們的「想要」其實是個浮誇的演員。

幾天後，你拿到包裹，拆開的時候，心情還算開心。但再過幾天，你可能發現，自己其實根本沒那麼需要那個東西。

多巴胺就是這樣一個頑皮的化學物質。它負責引導我們的注意力，去關注任何「可能」會帶來好處或獎勵的人

事物，它的任務就是引導你去「想要」任何它覺得你應該
想要的事物。

　　我們一直滑手機，正是因為手機裡頭有著各種新資
訊。探索資訊對生存來說很重要。所以，多巴胺會在旁教
唆、鼓勵我們繼續這麼做。每當我們點下一個連結，多巴
胺便喊：「太讚了，繼續、繼續，再來！再看一篇吧！」
正是因為如此，我們明明吃飽，卻還是有點想吃蛋糕；明
明想睡，卻還是有點想看一集影集。

　　對多巴胺來說，它並不在意你做了某事之後「是否真
的快樂」，它比較在意你到底「有沒有」去做那些可能會
帶來潛在好處的行為。在你真的得到那個你關注的潛在好
處之前，多巴胺會一直引導你去關注那個好東西。不過，
一旦東西到手，多巴胺就走了，它的台詞瞬間會變成：
「那個，接下來就沒我的事了喔，掰。」

　　「男人都該有台自己的車。車子可以讓你因此而尊爵
不凡，提升你的品味。你值得，也需要有一台車！」這類
台詞常出自展示場裡的銷售員或電視購物主持人。

　　說真的，他們其實多半不在意你買回商品之後，是
否真的變成尊爵不凡、品味提升。他們只在意你是否真的

「獲得」了一台車（然後付了一大筆錢）。

發現了嗎？他們其實就是真人版的多巴胺。

◆　◆　◆

神經學家貝里奇（Kent Berridge）曾說：「在解剖學上，『喜歡』是個又小又脆弱的東西，它很容易就會瓦解，而且只占據大腦的一小部分。相反地，強大的『想要』一旦啟動，就很難終止。」

從演化角度來看，若我們一直沉醉在「喜歡」裡是很危險的。在史前時代，太認真喜歡、享受眼前的事物，就容易忽視逐漸靠近的野獸。同時，如果我們因現有物資夠用，就停止繼續尋找新物資，也可能對生存不利。

快樂
NOTE

人生有兩大快樂：一個是沒有得到你心愛的東西，於是可以尋求和創造；另一個是得到了你心愛的東西，於是可以去品味和體驗。

——**佛洛伊德**（1856～1939）心理學家

欲罷不能，很不快樂……

　　不過，歡迎來到二十一世紀。我們擁有的資源早已多過所需，背後也沒有什麼猛獸虎視眈眈，要把我們吃掉。

　　現代人應該多多練習安撫「想要」系統，明察多巴胺的計謀。少點物欲，少買那麼多東西。多多讓「喜歡」出場。我們可以坐在家裡，喜歡、享受眼前現有的一切，不必借助更多的購買來讓多巴胺開心。

　　快樂之所以會壞掉，就是因為它從「小小的想要」，變成「魔王級的想要」，這也就是我們提過的成癮行為，一種病態的想要、無法控制的想要。吸毒的人渴望毒品，即便明知會造成傷害，仍無法控制這樣的「想要」。

　　人類許多的不快樂，正是因為我們在該享受、好好「喜歡」的時候，卻心心念念地想著：「我還想要，給我更多。」

小確幸來自用心

　　村上春樹在《尋找漩渦貓的方法》一書中，用到「小確幸」這個說法。這個詞風靡了好一陣子，指的是「小小而確實的幸福」。不過，村上心中的小確幸，和國人心中所想的「吃下午茶」、「景點拍照、打卡」這種小確幸不太一樣。

　　他認為，想要在日常生活中找到自己的小確幸，多少需要遵守一些必要的個人規範。

　　例如，耐著性子激烈運動後，來杯冰涼啤酒的感覺。這是村上的小確幸。熱愛馬拉松的他，認為苦盡甘來的苦是必要條件，苦後的甘別有一番風味。

　　選購完內褲，把洗乾淨的內褲折好、捲好，整齊地放入抽屜，也是他的小確幸。你得乖乖做、用心做，才能體會這種簡單的幸福。

　　想要感受小確幸，我們就得做點什麼。遵守某些替自己設下的規範，也許是耐著性子運動、把內褲洗乾淨折好放抽屜。

　　小確幸不會從天而降。

　　當你再訪常去的那家麵店，細心品嚐老闆精心燉煮的牛肉麵，你會感覺到幸福。但你得稍微努力，用心、專心

地吃，才能感受到裡頭的滋味。

當你準備趕下午的開會報告，中午不得不狼吞虎嚥，此時就算吃的是高級料理，你可能一點都不覺得美味。甚至，麵店老闆因為你是熟客，偷偷在麵裡多加了幾塊肉——這種小確幸，你得用心才能發現。

◆　◆　◆

法國大文豪普魯斯特在他的鉅著《追憶似水年華》中寫道：

我（……中略……）的一瞬間，我渾身一震，注意到我身上正發生著非比尋常的變化。強烈的愉悅感傳遍全身，我感到超塵拔俗，卻不知原因為何。我只覺得人生的榮辱得失都無關緊要，人生的苦難也沒什麼大礙，人生的短促只是幻覺；這全新的感覺對我的影響就好像談戀愛一般，它以一種可貴的精神充實了我。也許，這感覺並非來自外界，它就是我自己。我不再感到平庸、卑微、凡俗。

　　這段描述讓你想到什麼？這是快樂嗎？如果這是快樂，你可曾有過這樣的經驗？這個人到底在做什麼，可以快樂成這樣？

　　演講時，我曾把這段描述拿出來詢問大家，答案五花八門。有人說他在嗑藥，有人說他正在享受魚水之歡。也有人認為，他辛苦工作了好幾天，終於能好好洗個澡。

　　公布答案，那段中略的文字是：「舀一匙泡了一小塊瑪德蓮蛋糕的茶到嘴邊。帶著點心屑的熱茶碰到上顎……。」

　　「蛤？什麼?!」竟然是這樣一個跌破許多人眼鏡的答案。除了覺得扯、好浮誇之外，我倒想知道為什麼（憑什麼）一塊甜點沾了一口茶，就能讓他得到這種感受？

　　對於這個謎團，心理學目前的答案是，透過「正

快樂 NOTE

生活中的快樂是由零碎的片斷組成 —— 我們很快忘記的短暫親吻、微笑、關愛的眼神、由衷的讚美等善舉。

——塞繆爾・泰勒・柯勒律治
(Samuel Taylor Coleridge, 1772～1834) 文學家

念」，我們就能一秒變成普魯斯特。

　　什麼是正念？它常被誤解為「正向思考」。不過，這其實跟思考一點關係都沒有，而是一種生活方式。

　　正念的「正」指的不是「正向」，而是「-ing」，亦即「現在進行式」的意思。念，則可拆成「今」（now）和「心」（mind）二字。

　　將正念從東方引進歐美的卡巴金（Jon Kabat-Zinn）博士替正念下的定義是：專注於當下，對每一刻、每一秒的經驗保持覺察。同時，對於我們在當下感受到的各種經驗，不去批判、否認，而是用好奇、接納的方式來面對。

　　正念不是一種概念上知識的理解，而需要透過實際體驗來認識。如果你也想像普魯斯特一樣，靠近這種難以言喻的快樂，不妨準備一份再平常不過的點心，跟著下面的引導做做看。

　　開始吃之前，請先回想一下，平常自己大概會用什麼方法吃下眼前的食物？大概會花多少時間？

　　第一步驟，不是吃，而是「看」。試著用眼睛，把眼前食物看個清楚，特別注意過去你未曾留意的細節，例如色澤、陰影、光度等變化，清楚地觀察食物本身的「色」。

　　接著，聞其「香」。嗅覺與味覺兩者相輔相成，因此色香味當中的「香」與「味」其實得仰賴彼此才能凸顯出來。味覺雖能區別酸甜苦鹹鮮，但還需要嗅覺的協助，我們才能品嚐出更多種滋味。

　　試著從不同角度、位置嗅聞眼前的食物。觀察不同時間下，同樣食物聞起來是否有前、中、後段氣味的差別。你也可以交錯使用左、右鼻孔，輪流聞聞看，食物散發的味道是否不同。

　　如果可以的話，使用你的觸覺。品嚐食物時，讓雙手一起加入。拿起眼前食材，感受它的質感與軟硬。觀察手部肌肉，感受它如何拿起食物、移動食物，卻不會不小心把食物放入鼻孔裡，這是我們的體覺。

　　如果現在，你還沒把這本書丟在一旁，眼前的食物也還沒被吃掉的話，終於到了可以吃的時候。

　　輕輕咬下一口，但別急著咀嚼與吞嚥，讓食材有機會在你嘴裡慢慢變化。由硬到軟、從乾到溼，觀察在口腔這個「生態系」裡，因為食物的加入而產生怎樣的變化。一邊觀察舌頭如何「操作」食物，和牙齒進行完美演出，一邊觀察吞嚥的動作，體驗食物從喉頭慢慢被送入食道的感覺。

食禪不能只用看的

　　這種稱為「食禪」的正念練習，除了有機會讓我們變成普魯斯特，享受食物極致的滋味之外，還能預防體重激增、改善情緒性進食的毛病。

　　在料理這門藝術裡，專注是非常重要的。對侍酒師來說，眼前的這杯酒就是當下最重要的事。

　　為了把酒的最佳風味呈現出來，侍酒師拿著醒酒器，緩緩（或快速，視酒的品項而定）將酒倒入其中，一邊畫圓，一邊注視著瓶中的液體，觀察泡沫、色澤的變化。

　　或許正是因為侍酒師這樣細心地照看，我們喝入嘴中的酒才如此美好。不管是侍酒師，還是日式料理店的壽司師傅，用一生懸命（いっしょうけんめい）的心態對待眼前的食材，都是值得我們學習的精神。

快樂 NOTE

快樂隱藏在生活的細節裡，不留意就難以察覺。

——**喬伊絲‧布爾斯**（Joyce Brothers, 1927 ～ 2013）
美國心理學家

　　有沒有哪件事，是你堅持專注、願意做到極致、並用生命守護的？

◆　◆　◆

　　除了吃之外，生活中還有許多值得我們專注才能找到小確幸的時刻。

　　Se déhancher源於法語，指的是「跳舞時搖擺屁股」。對法國人來說，這是一種快樂。

　　Jayus來自印尼，這個字主要用來描述有個人講的笑話實在太難笑，或者講得太爛，以至於你笑了出來。

　　Sobremesa是西班牙文，描述的畫面是與親友聚餐後，雖然吃完了，彼此卻仍坐在位子上開懷敘舊。

　　Chrysalism是新創的英文字，指的是在寧靜的室內聽著外頭暴風雨的聲音。

　　Peiskos是挪威人用來形容寒冬裡，坐在火爐前，聽著木柴劈啪燃燒，享受溫暖的感覺。

　　木漏れ日是日文，指我們觀察到陽光從樹葉縫隙中穿透的景色。

這些感覺，你我可能都曾經歷過，只是我們不一定留意或在意過。

提姆‧洛瑪斯（Tim Lomas）博士調查了世界各國每個文化獨特的正向詞彙。來自不同文化的人，因著不同的生活點滴而快樂著。

為了記住這些容易受到忽視與淡忘的快樂，這些國家的人創造了各自對應的詞彙，提醒彼此，別忘了這小小的幸福。

下次，不妨替你自己生活中的小小幸福取個名字，讓自己更有機會記得它、享受它！

在談完愉悅感這種快樂之後，我們接著要討論的是滿足感，這是和愉悅感完全不一樣的快樂。

5

滿足感的使用說明書

滿足可能藏在痛苦裡

馬拉松、登山、飢餓三十、三跪九叩的朝聖……不知道你是否曾參加過這些活動？若站在一旁，觀察參與這些活動的人們，你覺得他們快樂嗎？愉悅嗎？

從1990年舉辦至今，飢餓三十已邁過數十年頭。三十個小時不能吃東西，其實辛苦極了。你的爬蟲腦此刻正強烈抗議著，但你的靈長腦卻不這麼想。

「全球有8.15億飢餓人口，相當於台灣人口的35倍，其中4.89億身處受衝突影響的國家。台灣，則有身處偏鄉、城市暗隅的孩子，正遭遇經濟窘迫、生活落入急難的困境裡。」

在挨著餓、一點都不愉悅的時刻，靈長腦正複誦這段摘錄自台灣世界展望會網站的話。靈長腦清楚知道自己在做什麼。雖然不愉悅，卻感到滿足。

對於在意「人飢己飢、人溺己溺」人道關懷的人來說，他們雖痛苦，卻也滿足。有人因為想陪最愛的人一起參與這個活動而前來。他們雖痛苦，卻也滿足。每個人在意的東西不同，我們因不同的意義而感到快樂，這不是愉悅的快樂，而是滿足的快樂。

　　爬蟲腦在意愉悅感。但愉悅過後，我們感受到的常常是空虛，而不是滿足。大吃大喝、瘋狂購物、追劇打Game（遊戲），雖然帶來許多感官上的狂喜，但來得快，去得也快。靈長腦在意的滿足感，有著與愉悅感完全不同的屬性。

　　為了了解馬拉松跑者到底在追求什麼，我試著以「第一次＋馬拉松」做為關鍵字，在網路上搜尋文章。讀過許多人的心得，最常出現的字眼就是「我做到了」這四個字。有人第一次跑完馬拉松後大哭，是喜極而泣，也是因為知道自己超越了自己而感到振奮，止不住淚水。

　　跑馬拉松並不愉悅，汗狂流、心猛跳，但這場和自己意志力拉鋸的苦戰，卻帶給我們歷久彌新的滿足。身邊跑

> **快樂NOTE**
>
> 快樂其實不是一種持續的狀態。你可以捕捉到瞬間的快樂，但其他時間你都是在為那個瞬間而努力。
>
> ──**泰勒絲**（Taylor Swift, 1989～）歌手

過全馬、半馬的朋友都說，第一次馬拉松經驗至今仍是他們最珍貴的回憶。就算過了很久，現在想起來，當時的記憶還是讓人感動不已。

　　相較於愉悅，有意義支撐的滿足感比較不容易淡去，不但能持續更久，也比較不受習慣化的影響。

　　念大學時，因為嚮往山林而加入了學校的登山隊。毫無登山經驗的我，上了好多課，終於學會了認識器材、整裝行李、看懂地圖的基本方法。學期末，有個像是期末考的活動，隊員得實際發揮所學，從零開始，走完兩天一夜的霞喀羅古道之行。

　　第一次在山上過夜，過程辛苦極了。山上不比市區，吃東西、睡覺，甚至連上廁所都很不方便。不過，多年過後，除了這些苦之外，當時在山中竹林感受到的靜謐、身處自然而心生的渺小感、夥伴間互相照應而留下的情誼，即便已是往事，卻仍歷歷在目。當時的不舒服，成了現在口中懷舊的趣味。

　　辛苦堅持時，我們正在實踐意義。實踐意義的過程，新的意義也會悄然出現。一個為了挑戰自己而踏上馬拉松的朋友說，除了因為超越自己而高興之外，她也發現馬拉

松有點像人生的縮影。最難的時刻，並不是大家所說「靠近終點」的那陣子，而是當你明明看不到任何希望、不知道還要跑多久，卻仍選擇堅持下去的那一刻。這對她往後面對其他人生難題，帶來了很大的勇氣。

　　滿足感不像愉悅，隨傳隨到。我們得帶著未知和焦慮上路，不知道滿足感何時會出現。或許，就在我們咬緊牙關、苦不堪言的時候，轉身才發現，滿足感其實就在背後，默默支持我們繼續走下去。

七年之癢的科學解析

　　傳聞美國總統柯立芝（Calvin Coolidge）的妻子某次參觀農場時，發現一隻公雞十分頻繁地與母雞交配。她問招待的農場員工說：「這很常見嗎？」對方回答：「每天幾十次。」總統夫人隨後交代員工，總統來的時候，請告訴他這個現象。

　　後來，柯立芝總統來到農場，聽聞此事後，若有所思地問道：「每次都是和同一隻母雞嗎？」員工表示：「每次都是和不同母雞。」這次，換總統交代員工：「請把這個現象告訴我的夫人。」

◆　◆　◆

　　愛情心理學研究人類的親密關係，當中有個非常經典的理論，叫做「愛的三元論」。提出者史丁伯格（Robert Sternberg）認為，完整的愛應該包含激情、親密和承諾這三個部分。

　　「激情」指的是浪漫、原始的性趨力，是外表吸引力、身體的靠近，是「天雷勾動地火」那部分的愛。

　　「親密」是指雙方花時間相處後累積的安全感，源於彼此依賴、互相理解與接納，這部分通常需要時間磨合，

也是一段關係中最辛苦、最需要努力的部分。

「承諾」則是存在於雙方之間的心理契約，宣告彼此正在交往、兩人承諾進入一段關係。結婚、登記公證是一種實體的承諾，告訴他人，雙方會一起經營愛情，為這段關係負責。

我們常常用不同的腦區談戀愛。

對爬蟲腦來說，愛是激情，是性的本能與渴望。性行為伴隨的激情與高潮，確實帶給人類強烈的愉悅感。不過，壞消息是，性激情和其他愉悅感一樣，都會習慣，容易隨著時間而褪色。

所以，我們常聽到的七年之癢，在學理上確實有其原因。新鮮、新奇、探索的感覺，讓爬蟲腦感到快樂；而習慣、熟悉、相處久了發現的不順眼或缺點，往往是它煩悶與痛苦的來源。若按照爬蟲腦的作風，我們這時就會想「避苦」，結束這段關係。

不過，也不是所有伴侶都會在這一關吃敗仗。回想身邊那些交往很久、關係穩定的伴侶，他們是怎麼做到的？原來，關係維持許久、互動品質良好的祕訣在於，不能只

用爬蟲腦談戀愛。

隨著交往時間增加，靈長腦對於一段關係的維繫就愈來愈重要了。

那些在關係裡找到意義的伴侶，兩人之間的親密與承諾反而隨著時間增強。這種安全的親密感、有力的承諾感變成了防護，陪伴雙方一起抵禦七年之癢。

研究滿足感的心理學家喬治‧伯恩斯（George Burns）認為：「找出自己所作所為的意義，是滿足感的來源。」中樂透這種偶發事件能帶來快樂，但這種快樂是愉悅，不是滿足。我們只能從那些「自己主動決定要做」、「沒人逼也會想做」的事情裡頭獲得滿足。

在一段關係裡，給出承諾的壓力不小。培養親密感，也需要花時間了解彼此，包容、接納各種自己不喜歡、不習慣的東西。磨合的過程並不愉悅，卻是通往滿足的必經之路。

滿足感就是這樣，沒有捷徑，需要花時間投入與經營，有時還得接納痛苦與不舒服。不過，對等的，它帶給人們的快樂，卻是獨特且高層次的。

一段關係能否完滿，取決於雙方能否有智慧地運用爬蟲腦與靈長腦，找到愛裡頭的愉悅和滿足。

鈴木一朗的快樂與痛苦

從國小開始，鈴木一朗就加入學校棒球隊。放學後，還到住家附近的打擊練習場練習，直到晚上十一點，幾乎每天都練好練滿八小時。你覺得鈴木一朗快樂嗎？

規律練習、風雨無阻，對身體來說並不舒服。爬蟲腦說，鈴木一朗的童年一點都不快樂。構成他童年回憶的，不是夢幻的遊樂園，而是永無止盡的基本訓練、幾萬次的揮棒與傳球。

有必要把自己逼成這樣嗎？對許多棒球愛好者來說，打球嘛，快樂就好。

不過，鈴木一朗不這麼想，他完全無法理解「快樂地打球」是什麼意思。對他來說，他是以一種「抱持充實感」的方式來面對棒球的。

潛入他的大腦，可以看到他的爬蟲腦和靈長腦正在

快樂 NOTE

快樂是努力換來的。

——**伊莉莎白・吉兒伯特**
(Elizabeth Gilbert, 1969 ～) 作家

爭論。某次受訪時，他的爬蟲腦說：「我當然和一般人一樣，討厭念書或練球，不斷重複做一樣的事，辛苦又枯燥。」

不過，他的靈長腦把麥克風搶過來，緊接著說：「我隨時承受壓力、恐懼，並處在不安的情緒當中。如果只想以愉悅的心情享受打棒球的樂趣，是無法在職棒世界存活的。」

在這個世界上，真正重要、有意義的事，做起來往往都不輕鬆，甚至還會帶來痛苦。練棒球當然有樂趣，但要在裡頭找到意義，就得正視並接納過程中的痛苦。在意義的支撐下，我們得以在痛苦的另一端，看到全新的風景。

很多人覺得自由意味著隨心所欲。但對找到意義的

快樂 NOTE

快樂跟愉悅不同，快樂是有關奮鬥、堅持和完成。

——**喬治・席翰**（George Sheehan, 1918～1993）
美國心臟科醫師、運動員

人來說，自由不是恣意妄為，想幹嘛就幹嘛。而是，在感受爬蟲腦蠢蠢欲動、鼓勵你展現生存本能的時刻，保持冷靜，不要立刻聽它的話。

　　自由是聽見微弱的靈長腦在喊話，並依循自己心中在意的價值，痛苦卻快樂地前進。

　　鈴木一朗說過：「我一生中最快樂的時光都是棒球帶給我的，但我一生中最痛苦的一切也是棒球帶給我的。」

　　如果，把「棒球」這兩個字挖掉，你會填什麼進去呢？或許，填入的答案就是你滿足感的重要來源。

我一生中最快樂的時光都是＿＿＿＿＿＿帶給我的
但我一生中最痛苦的一切也是＿＿＿＿＿＿帶給我的

因痛而苦，還是因痛而快？

人生的苦難分成兩種，一種叫做「痛」（pain），一種稱為「苦」（suffering）。我們常常指稱的「痛苦」，其實是兩件事。

人生在世，「痛」是避不掉的。這裡的痛，並不是說我們隨時隨地都處在痛裡。痛的根源，是因為生命很脆弱，我們時時刻刻都可能要面對突如其來的逆境或生老病死。

那「苦」是什麼呢？苦是因為「掙扎」而來的，是因為我們不願接受「生命裡必然有痛」這件事。我們努力對抗必然存在的痛，因而苦不堪言。

痛是避不掉的，我們需要接納它；但，苦卻是可以避免的。只要我們願意接納痛之必然，不執著於追求一個「無痛的人生」，就不會苦。

許多個案因為想擺脫情緒困擾而來諮商。對他們來說，情緒對生活造成了很大的負面影響。

仔細一問才知道，許多人都竭力想要「根除」這些必然的情緒。他們覺得一丁點的痛都不可以、不應該存在，自己無法承受。這便是因「痛」而生「苦」的狀態。他們把所有力氣都用在閃躲痛之上，卻讓痛苦增生。

在我上一本著作《練習不壓抑》裡有個提問，是我常

常丟出來問個案的：「假如有天早上，所有的不開心、不
舒服都神奇地消失了，那你的人生想要開始做些什麼？」
然後，再問問自己：「難道要等這些痛苦都被處理好，我
們才能開始做那些事，過自己想過的日子嗎？」

　　每一種負面情緒都有它的功用。刻意追求「無痛人
生」，就像是想把生活打造成一個完全無菌的手術室一
樣，不切實際也不合理。

　　不與「痛」抗爭，我們就可以省下不少力氣，留給我
們真正想做的事。

　　雖然，要能心甘情願地接受「痛是必然」，並不容易。

　　與痛共處的第一步，就是打開眼睛，看見自己「為何
而痛」。當個案在嘗試一些他覺得很痛苦的改變時，我常

快樂和痛苦從來不會同時降臨到一個人身
上，但是如果你追求其中之一，並且有所體
會，你便不得不體驗到另一個，它們就像受
同一個大腦指揮的兩個軀體一樣。

──**柏拉圖**（西元前427～西元前347）哲學家

問：「你現在的痛，是不是在告訴你自己，你有多在意這件事？」

在我們全心投入一件自己在意而重視的事情時，過程中的不舒服與痛，其實是一種勳章。勳章雖然不能換成錢，也不能拿來吃，卻是一種見證，一種當事人才知曉的見證。

常常練習與痛共處，我們和它相處的能耐就會慢慢增加，在不知不覺中把痛轉變成我們熟悉的感覺。就像是「舒適圈」必須要慢慢突破一樣，慢慢挑戰自我之後，稍微跨出舒適圈一點點，已不會對我們構成威脅了。我們可以超越目前的痛，去面對更大的挑戰，靠近自己更在意的事。

美好的一切總是既艱難又罕見。

——**斯賓諾莎**（Benedict de Spinoza, 1632 ～ 1677）
哲學家

　　若能找到生命的意義，我們也就找到了「快樂地痛苦著」的方法與勇氣。

心流

小明正專心打電玩。

媽媽站在後頭看著，原本打算叫他快點來吃飯，但根據過往經驗，心想還是先別打擾他比較好。她看著螢幕畫面，猜想：「這應該是射擊遊戲吧？」

小明左手操作鍵盤，右手移動滑鼠，眼神極度專注，讓人在旁都跟著屏氣凝神起來。但，都已經玩了兩小時，「到底是有多好玩？」媽媽不解。

如果這個時候，你（不惜生命危險）打斷小明，問他：「你快樂嗎？」我想，他會先對你翻一個白眼，然後怒回：「你有事嗎？我哪有時間想這個！」

另一種靠近滿足感的方法，藏在「心流」裡面。

心流是什麼？它的原文是 flow，一種「如河水流動般自由的經驗」。處在心流之中的人，常常是「忘我」的，一眨眼，幾個小時就過了。心流時，我們能毫不費力地忽視所有與目標無關的干擾，完全沉浸在目標中。這個時候，什麼飢餓啊、想上廁所啊、旁邊站著誰啊……都不重要了。

曾進入心流經驗的人，多半都很期待下次能再次體驗它。那種流動感，著實讓人難忘。心流時，我們特別有效

率，思考和行動融為一體，專注使得我們完成許多不簡單的任務。

　　曾有人用「ecstatic」來描述心流帶來的滿足感，這個字的翻譯是「著迷、入迷的」，也可以譯成「狂喜的」。提出心流概念的米哈里‧契克森米哈賴（Mihaly Csikszentmihalyi）博士發現，在幾個關鍵都符合的情況下，心流之門就能悄悄打開。

　　首先，我們選定的事情必須「難易適中」，不能太簡單（我們會覺得無聊，也不太需要專注），但又不能太難（我們會感覺挫敗而不想嘗試）。最適合的難度，約莫是超出現有能力百分之五到十的程度。在能力增加之後，我們需要更難的任務，才比較容易進入心流狀態。

快樂NOTE

全神貫注是我生命中最快樂的事情。
——**村上春樹**（1949〜）小說家

研究還發現，當任務難度逐漸提升，我們的能力也與之呼應的時候，進入心流的機會便隨之增加。這也是為什麼心流經驗經常出現在職業級選手或專家身上，而心流又回過頭來刺激他們繼續精進自己的技藝，形成一個成長的循環。

在專注執行任務時，我們還需要清楚知道目標，即時獲得必要的回饋，讓我們知道自己是否正朝著對的方向前進。許多電玩遊戲就是善用了這點，螢幕上頭呈現的各種數值，即時告訴玩家目前任務完成的狀態，也偷偷把玩家更拉入遊戲的世界中。

心流和滿足感有點像。處在心流中的人，比起結果為何，他們更專注投入過程裡。他們往往不是為了名聲或財富才這麼做，而是因為他們此刻就是想這麼做，做這件事情本身就是一種意義、一種理由。

心流時，工作不需意義，工作就是意義。心流時，活著不需理由，活著就是理由。

6

要上哪兒找意義？

盤點你的人生

盤點人生的小提醒

工作裡頭有快樂嗎？

中了樂透，你明天還會來上班嗎？

鬼門關前走一遭

盤 點 你 的 人 生

　　關於人生，你有什麼想說的話嗎？或許沒有。不過，
「人生」其實有很多話想對你說。雖然，很多時候，我們
並沒有清楚聽見這些話。

　　在討論滿足感時，我們不斷提到「意義」這兩個字。
到底，意義要去哪邊找？為了讓意義能被看見，我們得先
找到讓意義出場的舞台。因此，接下來，我想邀請讀者一
起「盤點人生」，把自己的人生現況搞清楚。

　　人的一生，不外乎由十件事構築而成。接著，我會簡
單描述這十件事的意涵，引導你逐一認識。在過程中，也
歡迎大家一邊思考，一邊簡要記下當你看到每件要事時第
一時間想到什麼。

　　在此得先提醒，人生很長，在不同階段，我們在意的
要事會略有不同。同時，也不是每個人都對這十件要事有
共鳴。你只需誠實記下自己心中浮現真正有感覺的人事物
就好。

⊙ 親情：提到親情，你想到誰？在親情這個領域，誰是你
　 想關心的對象？包含哪些人？也許是父母、兄弟、姊
　 妹，或是哪些親戚？
⊙ 愛情：提到愛情，你想到誰？情人、愛人、男／女朋

友、丈夫或妻子。也許你現在還沒有交往對象,不過你依然會有想做的事,例如積極認識新對象、參與聯誼或社團活動,這些也算是與愛情有關的事。

⊙ **教養**:關於教養,你想到什麼?對於孩子的教養,你有什麼期待或想法?如果現在還沒有孩子,那未來想要有嗎?你對教養下一代有什麼看法?

⊙ **友情**:提起友情,你想起誰?哪些朋友,是你覺得自己應該細心留著,好好對待的?從國小、國中一路到現在,哪些不小心被遺忘的朋友,曾經是重要的存在;而你覺得是時候該重拾這些友誼了?

⊙ **工作╱學業**:關於工作(或課業,如果你是學生),你想到什麼?你想經營、投入哪些領域?也許是目前手上的工作、未來想進修的專長,又或者是還沒成型的職涯規劃,都值得想一想。

⊙ **自我成長╱理想╱夢想**:關於自我成長,你想到哪些方向?那些領域,就算沒有人逼、就算沒有錢拿,你還是想投入其中,覺得自己會學得很開心?你不妨回想那些被淡忘的理想,利用這個機會寫下來。

⊙ **休閒娛樂**:提到休閒娛樂,你心中很喜歡的活動是哪些?那些讓你找回遊戲感、放鬆感,能滋養自己的活動

是什麼？任何興趣、娛樂、休閒、嗜好，都算在這一類中。

⊙ 身心健康：提到身心健康，你在意的是什麼？你想照顧哪幾件事？是飲食、體重、睡眠、戒掉壞習慣，還是養成運動的好習慣？你想多做什麼、少做什麼？

⊙ 社會參與：社會參與指的是自己與「更大一層社交圈」的關係，從小小的隔壁鄰居、村里、社區，乃至更大的地球村。你關注的也許是社會服務、社會運動或環保議題。你曾想投入哪些組織，希望如何替這個社區或世界付出一點心力？

⊙ 精神生活：精神生活指的是自己與「更廣闊世界」的關係。對某些人而言，宗教信仰提供了他們思考這部分的起點。除此之外，有些人則深受靈性（spiritual）概念

快樂 NOTE

沒有一項生命的意義適用於所有人，生命的意義是每個人賦予自己的人生的。

——**阿德勒**（1870～1937）個體心理學理論創始人

的吸引。有些人身處大自然時，能感受到頗為深刻的連結；還有人在藝術與美之中感受到這部分的滋養。你的精神生活包含哪些元素？

◆　◆　◆

認識這些生活領域，初步思考裡頭你在意的內容後，接著要請你想一想：「這些領域對目前的你來說有多重要？」我們現在各處在不同的年齡與人生階段，對十個領域的在意程度也會有所不同。

在下頁表格的A行上替這十個領域各評定一個「重要性」分數，從0分（完全不重要）到10分（非常重要）。

請記得：填寫時，放下任何「應該」。當你心想「我覺得XX應該很重要才對，要給它很高分」時，請摸摸自己的心，誠實寫下你真心認為的重要程度。你覺得一件事有多重要，它就多重要。此外，這十個領域都是獨立的，也就是說，你不用從10、9、8開始排列，每個數字都可以重複使用。

至於B行，我想了解的是，在這幾個領域裡，你最近的「實踐力」。

領域	A重要性	B實踐力	C差距分數
親情			
愛情			
教養			
友情			
工作或學業			
自我成長/理想/夢想			
休閒娛樂			
身心健康			
社會參與			
精神生活			

　　最近七天，你分別在這十個領域裡投入多少時間和力氣？從0到10裡選一個分數：0分表示「我完全沒有花時

間和力氣在這個領域上」；10分表示「我花了所有該用的力氣和時間在這件事上」。

　　填寫時請保持誠實，放下罪惡感或自責，也不用擔心被他人檢視。這只是一個幫助自己檢視目前生活狀態的練習。

　　最後在C行，要用點簡單的數學，請讀者用「A重要性」減去「B實踐力」，兩者的差值就是「差距分數」，記得保留正負號。在思考人生時，差距分數可以告訴我們一些線索：

☐ 差距分數是「正值」時，表示你覺得某個領域很重要，卻沒有花對等的力氣和時間投入。例如，你很在意親情（重要性＝7），但這禮拜卻忙於工作，沒有時間和家人相處（實踐力＝2）；差距分數就是＋5分。

☐ 差距分數是0時，表示這個領域處於「平衡狀態」。你認為某個領域多重要，也投入了對等的力氣；這是最理想的狀態，請繼續保持。

☐ 差距分數是「負值」時，表示你投入的力氣和時間太多了，比你認為該投入的程度還要多。這很常出現在過度投入工作（實踐力＝8）、心中卻不這麼看重工作（重

請幫我掃一下QRCode

要性＝5）的人身上。

不管差距分數是正數，還是負數，數字愈大，就表示我們的生活愈「失衡」，離「滿足」的人生更遠。也就是說，我們沒有把時間留給自己最在意的事，卻把時間用在那些比較不在意的事上。生活的失衡往往會影響心情，也常常讓人感覺不知道自己為何而活。

定期盤點你的生活，觀察哪些領域是平衡的，可以繼續保持；哪些領域需要我們多做點什麼，而又是哪些領域值得我們少做點什麼。

回頭看看你差距分數最高的三個領域，最近是哪些「更重要的大事」占去你大半的時間和精神，讓你沒有機會好好照顧這幾個領域呢？

盤點人生的小提醒

除了檢視差距分數之外，你在「重要性」和「實踐力」選擇的分數，也藏著一些值得留意的訊息，接下來將針對下面四種狀況討論。回頭看看你先前填上的分數，是否符合以下描述：

☐ **重要性裡面，超過五項都很高分（超過7分）**
☐ **重要性裡面，超過五項都很低分（低於4分）**
☐ **實踐力裡面，超過五項都很高分（超過7分）**
☐ **實踐力裡面，超過五項都很低分（低於4分）**

重要性：很多項都很高分

當我們把一切都視為「很重要」時，就會想「兼顧一切」。這可能會讓我們分身乏術，壓力變得太大。這種狀況常出現在有完美主義傾向的人身上。

如果你在這一項打勾，試著把你覺得最重要的幾個領域獨立列出來，蓋掉數字之後，再排序一次。在這幾項很重要的領域裡，你「最」在意的是哪幾個？

常常無法放下、對什麼事情都很在意的人，會覺得這個練習咄咄逼人。不過，打個比方，在大小有限的房間

裡，我們實在擺不下「所有」傢俱，應該要把空間留給最
適合的傢俱。

　　對二十歲的學生、三十歲的小主管、四十歲的全職媽
媽、五十歲提早退休的公務員來說，每個人在意的領域必
定有所不同。

　　像馬戲團小丑耍球一樣，要一口氣兼顧四、五顆球頗
為困難。此時，取捨相當重要。如果發現手上的球一直掉
下來，便意謂自己目前的時間與心力還無法照顧好這麼多
事。

　　在忍痛放下一些球的同時，也請告訴自己，我們只是
「暫時」放下，等未來需要時，隨時都可以把那些重要的
球再放回來。

**快樂
NOTE**

如果你知道為何而活，就能承受任何逆境。

——**尼采**（1844～1900）哲學家

　　另外，許多符合這項的人，在填寫時心中有太多的「應該」。比方說，因為大家都重視婚姻，所以我「應該」也要重視。回頭檢視一下，你剛剛在填寫Ａ行的答案時，有沒有任何「應該」的聲音跑出來。

　　你可以問問自己：「如果全世界的人都不會知道我在意這件事，那我還會覺得有必要在意嗎？」如果答案仍是肯定的，就代表你是真心在意。如果你有點猶豫，可能背後就存在著「應該」的聲音。

　　判斷重要性的關鍵，不是「正不正確」、「應不應該」，而是「你想不想」。

重要性：很多項都很低分

　　「這全都不重要了！」這句話常出自情緒低落的人口中。

　　因此，若你符合這項描述，請先看看自己最近的生活壓力是否過大，使你陷入低潮。不妨和信得過的朋友聊聊，看看低落情緒有沒有影響到你的工作、人際關係或自我照顧。

　　如果這種低潮維持太久，且確實影響到生活時，就可

能要留意是否有憂鬱傾向了，因為心情低落、失去生活樂趣是憂鬱的核心症狀。這時，尋求心理健康專業人員的協助是必要的，也能帶給你很大的幫助。

如果你不特別覺得自己的情緒很低落，還可以試試看另一個做法：從目前看似一片低分的領域中，找出幾個「低分中的高分」。接著，針對這些相對高分的領域「多做一點什麼」。

當我們覺得某個東西不重要，就不太會主動去接觸它。久而久之，就更可能覺得它不重要，也不有趣了。為了打破這種惡性循環，先別管你覺不覺得重要，試著跨出第一步，採取行動，反而是更重要的事。

行動時，請放下「一定」、「應該」等預設立場，盡可能試著用好玩的實驗心情去嘗試。認真感受過程，結果只是其次。

我常鼓勵個案去做一些看似無厘頭的事，例如從台北捷運的象山站出發，一路晃到淡水，坐在捷運裡觀察人群，請個案試著自在、沒有目的地執行這樣的計畫。

雖然一開始他們常滿頭霧水，但實際做了之後，往往

都能從中找到一些有趣的發現。不帶預設立場的行動，更可能帶領我們發現意想不到的驚喜，在過程中打破自己一開始的某些預設立場。

另一種值得一試的方法需要比較大顆的心臟，就是針對那些你覺得「完全不重要」的領域，採取某些行動，逼自己往相反的地方去。當然，這麼做並不是要你愛上那些領域，而是希望你替生活增加一些新的經驗。

實踐力：很多項都很高分

每個人的體力與時間都是有限的，如果你非常多領域的實踐力都很高分，生活想必十分充實忙碌。

在此有兩個小提醒，首先是觀察「身體健康」這個領域的重要性和實踐力是否足夠。身體健康是一切的根本，務必要留足夠的時間給自己休息。

第二個提醒是，問問自己：「所有行動，是否都出於真心？」

如果某天發生一些突發事件，你的可用時間不得不限縮了。在必須取捨的時候，你會選擇哪些領域來開刀？事前好好思考，可以幫助我們未來遇到類似狀況時處變不

驚。

倘若你的實踐力很高,但常常覺得好累,建議你認真思考「任務外包」的可能性,把一些原本覺得「應該」自己完成的事,委託他人完成。

這個建議對責任感強大的人來說特別難。不過,這不是要你把份內的事都丟給別人做,而是想鼓勵你回顧生活裡的大小事,思考當中有沒有任何一部分其實可以委託同事、下屬、家人代勞。特別是那些自己根本不擅長的任務,交給有能力勝任的夥伴處理反而更好。另外,還有一種可以拜託的「夥伴」,就是我們隨身不離手的數位裝置。適時使用智慧型裝置,善用它智慧的部分,可以替生活帶來更多悠閒。

◆　◆　◆

常常不小心答應別人、不太敢拒絕他人請求的人,很可能也是高實踐力者。他們往往忙於完成那些不小心答應、卻不一定屬於自己份內的事。

要拒絕別人、練習說不,確實很困難。不過,與其發

散地做完十件事，倒不如集中火力，把一件事做好。蘋果電腦創辦人賈伯斯說：

人們常認為，「專注」意味著，對你在乎的那些事情說「是」（saying yes）。但我不這麼認為，我認為專注應該是對其他數百個好點子說「不」。你得仔細挑選。對於那些我們沒有去做的事情，我是非常自豪的，自豪程度就像是那些我們曾做過的事一樣。創新，就是對一千件事情說不。

只有在你清楚知道自己在意什麼的時候，才會有開口說不的勇氣。

實踐力：很多項都很低分

如果實踐力普遍低分、重要性也都很低分的話，請留意自己最近的情緒狀態（建議你同時參考前述「重要性：很多項都很低分」的內容）。

若實踐力都很低，但重要性沒有很低的話，顯示自己可能處於「心有餘而力不足」的狀態。

練習不壓抑

　　此時，首先提醒你從「身心健康」開始處理，因為心有餘而力不足，很可能是體力不足，或者心力不足。

　　體力不足這部分，需要從身體健康開始改變。除了規律作息、充足睡眠、健康飲食之外，從輕量運動開始養成習慣，會有意想不到的效果。而心力不足則反應出自己最近可能承受了過多壓力，需要積極面對與處理，心力才能回復。在我前一本著作《練習不壓抑》中分享了一些調整壓力和情緒的實用方法，推薦給需要的讀者參考。

　　第二個提醒是，仔細檢視你使用時間的方式。實踐力低落很可能是因為時間管理不佳。每天睡覺八小時、工作八小時，剩下的八小時，你都做了什麼？這神祕的八小時，你在休息、通勤、與朋友聚會、發呆、滑手機，還是玩遊戲？

　　若有時間管理的困擾，不妨試試「二十四小時日誌」的活動。每天清醒的時候，以十五分鐘為單位，簡短記錄自己剛剛這十五分鐘的行程。透過精確的紀錄，更有機會找出時間的賊，重拾時間的使用權（有興趣的讀者可進一步搜尋「番茄鐘」的實作方法）。

　　手機裡也有很多實用工具，像是iOS上的「小容」、「Moment」，Android系統的「手機使用時間」、「Forest專注森林」等，這些應用程式都能協助我們管理自己的時間使用習慣，例如你每天使用手機多久、打開螢幕幾次、最常用哪些app、每次使用多久、每天總共花了多少時間等等。或許，我們需要看到精確而殘酷的數字，才會恍然大悟，開始改變使用時間的習慣。

◆　◆　◆

　　最後，我還想分享一個有點殘酷卻很有效的方法，叫做「稍微逼自己一下」。你可以從幾件自己覺得重要的事情中，挑出一件「中下難度」的任務，告訴自己：「先做五分鐘就好。」

　　大腦習慣抗拒改變，更精確地說，是抗拒「一開始」的改變。只要能把一開始的抗拒安撫好，後面的痛苦就會少很多；我們也更有可能從所做的事情裡找到樂趣。

　　不管你想採取什麼行動，都要選擇難度適當的任務，千萬別以「超大型目標」做為起點。務必記得把大目標切割成小任務。

　　比方說，整個房間亂七八糟，你想一口氣整理乾淨，這是不合理的期待。第一步也許只是「把電視下面的小櫃子清乾淨」就好。大腦比較不會抗拒「小小改變的目標」，也比較容易想像「目標完成後」的畫面，我們就更可能採取改變的行動。

　　一旦行動之後，我們的心情和想法就會跟著改變。萬事起頭難，最辛苦的是剛開始採取行動的時候。這就好比在地板上推積木，一開始的施力必須突破「最大靜摩擦力」，但之後的動摩擦力就會小了許多。不妨從五分鐘開始逼自己一下，然後，慢慢順其自然地騙大腦繼續做下去。

工作裡頭有快樂嗎？

　　某天走在路上，你看到兩群人在傳球，一群人穿白衣服，一群人穿黑衣服，兩顆籃球在兩群人之間傳來傳去。

　　就在他們交錯傳球的時候，有個詭異的畫面出現了。一隻黑猩猩混入其中（當然，具體來說是一位穿著黑猩猩戲服的演員），捶胸頓足幾秒鐘後，又離開了人群。

　　「黑猩猩欸，這太詭異了吧！」沒錯，許多人都認為這個龐然大物很突兀，也深信自己不可能在畫面中「漏看了牠」。

　　不過，在一個正式的實驗裡，大概有一半的參與者說：「什麼？我沒看到大猩猩啊！」這是怎麼回事？

　　克里斯・查布利斯（Christopher Chabris）和丹尼爾・西蒙斯（Daniel Simons）兩位心理學家錄製了剛剛提到的影片（總不能聘用一堆人整天一直傳球吧）。他們請一群大學生扮演球員，一隊穿白衣，一隊穿黑衣，兩隊各傳各的球，有時還在空中拋接。

　　錄完影片後，他們找來一群人觀看影片，請他們仔細觀察「白球衣這一隊」彼此傳球了幾次。在影片的中間，黑猩猩悠哉地走入人群，面對鏡頭捶胸，出現了至少九秒。在兩位心理學家撰寫的著作《為什麼你沒看見大猩猩？》一書裡，有段研究者和實驗者的經典對話：

問：你在計算傳球數目時，有沒有注意到什麼不尋常
　　的事？

答：沒有。

問：你有注意到除了球員以外的事物嗎？

答：嗯，背後有幾台電梯，還有牆上漆了幾個「S」。
　　我不曉得漆那幾個「S」是什麼意思。

問：你有注意到球員以外還有其他人嗎？

答：沒有。

問：你有看到一隻大猩猩嗎？

答：一隻什麼⁈

　　當研究者巧妙地引導人們的注意力之後，參與實驗者
的大腦就「聰明」而自動地無視了黑色的資訊，包含黑衣
人、他們傳的球，當然，還有黑猩猩。

　　這個現象稱為「不注意視盲」，視盲就是瞎了的意
思。不過，所有看影片的實驗者視力都沒有問題。但為什
麼超過半數的人都沒看見黑猩猩？答案就在這個詞的前三
個字，「不注意」。

　　我們能專注的範圍是很有限的，一旦決定要留意白色的資訊，黑色的資訊就變成我們「不在意」、也因而「不注意」的對象了。這除了可以解釋我們為何沒看到黑猩猩之外，更是影響我們上班是痛苦、還是快樂的一個小關鍵。

　　今天起床時、踏入辦公室時，你在想什麼？「……不想上班，又要度過痛苦的八小時了！」還是：「既來之則安之，今天要完成哪些事呢？」

　　這個問題看起來沒什麼，卻反應出我們在事情一開始的「定調」。若我們抱持著「今天一切都很慘」的眼鏡來看待工作的八小時，就像剛剛的實驗一樣，我們的大腦會很「聰明」地自動忽視今天工作中「任何或大或小的好事」。

　　八個小時，四百八十分鐘，乃至兩萬八千八百秒。有沒有可能每一分鐘都是痛苦的？這兩萬多秒都是痛苦的？相信必不盡然，若能調整我們的「專注力光圈」，我們才有機會發現每個小時、每分每秒，其實都不太一樣。總會有那麼幾分幾秒發生了還不錯的事，也許就只是同事邀買飲料、聽到新鮮的八卦、看到伴侶關心的訊息……。

請你的好朋友數白色球員傳球幾次

　　此外，若帶著「今天慘透了」的光圈來工作的話，今天真的會非常慘。因為大腦也會自動幫你搜集各種「今天慘透了」的資訊，讓原本只是「慘」的一天，因為大腦這樣的訊息加工，而變成「慘慘慘」。

　　俗話說，一日之計在於晨，我們做任何事情之前的「定調」，確實會影響我們之後的感受。不妨從下個工作天開始，就替自己定下「今天想必繁忙，但應該會過得還不錯」的調調吧！

中了樂透，你明天還會來上班嗎？

　　每天回家經過彩券行，看著店門口上頭數字的變化。1.2億、4.5億……好多億，一心想著，如果真的中了樂透，到底生活會有哪些改變？

　　「某天傍晚，你發現前幾天抱著好玩心態買下的樂透中獎了，扣掉稅後金額，大概還剩兩億多，是個讓你可以不愁吃穿的數字。你明天還會來上班嗎？」

　　在職涯規劃的講座裡，我常拋出這個問題給聽眾。

　　「欸，還是要來呀！不然這樣別人就知道我中樂透了，我會被綁架，很危險捏！」我還記得一位公部門的阿姨這麼回答，把大家逗得哈哈大笑。

　　確實，除了人身安全的考量之外，我還發現，幾乎在每一個部門、組織，或者不同產業的公司裡，都能發現一群人：他們即便收入無虞，仍然選擇來上班。

　　「為什麼錢都夠用了，你還想來上班呢？」

　　「因為我在這邊交到一群可以安心罵長官的好姐妹！」來自某公部門的大姐。

　　「因為我喜歡跟大家一起完成事情的感覺。」來自新創公司的主管。

　　「因為我覺得我們公司在做的事情很重要！」來自非營利組織的職員。

　　「因為我希望讓每個病人和家屬都可以在舒服的地方休養。」來自醫院的清潔阿姨。

　　「因為我在這邊努力會被看到。」來自會計事務所的新鮮人。

　　「我辛苦念了這麼多東西，一定要找個地方發揮啊！」來自研究單位的助理。

◆　◆　◆

　　薪水做為一種報酬，確實提供了我們食衣住行的基本需求。不過，對許多人來說，工作其實還滿足了他們更多需求。正是這些需求被滿足的感覺，支持他們繼續工作，讓他們在職場上感受到許多快樂，或者能夠苦中作樂。

　　工作還滿足了我們什麼「需求」？藉由美國心理學家馬斯洛（Abraham Harold Maslow）的「需求層次理論」，我們可以一起來檢查看看，你跟工作的關係是什麼？

工作可以帶給我們一種安定、安全的感覺。

週一到週五、每天八小時的工作，其實提供人體一種穩定的節奏。這種節奏帶來的安定與安全感，很可能是我們沒有發現的。

雖然我們每天都喊著想放假，不過，正因為一週要上班五天，剩下的兩天假日才變得珍貴。

許多人在長假末期，都會有一種「想上班」的奇怪感覺，很可能就是因為我們內心深處仍覺得規律帶來的安定感其實是不錯的。

另一種現象也跟工作帶來的安定感有關，就是「退休恐慌症」。等了好久好久，終於退休了。沒想到，一正式退休，每天生活多了大半空白，許多人反而恐慌了起來。

工作也可以滿足我們人類天生的社交需求。

離開學校之後，交朋友變得沒那麼簡單。同時，過去求學時期建立的人際關係，也因為相處時間變少而開始淡了。

對許多樂在工作的人來說，上班不只是上班，還是和

朋友一起相處、一起痛苦、一起碎碎唸、一起不小心團購太多聖女小番茄的美好時光。

當然情況也可能反過來，如果職場的人際社交狀況不佳，大家都各做各的事，甚至有點微微地針鋒相對。這時，上班的痛苦就不只是上班本身了，還包含這些人際壓力帶來的困擾。

人際關係是需要經營的，如果我們把一點點上班的心力用來交朋友、關心彼此、分享生活，工作的感覺就會不太一樣。

這種體悟對管理階層來說，更是必要。促進同事之間的人際互動與連結，雖然看似「影響了績效」，但其實是相當必要的「投資」。正向的人際互動會讓組織氣氛變好，進而提升整個組織的效能。

工作讓我們因為有所長、有所表現，而覺得受到尊重。

在需求理論的更上一層，我們每個人都有「受到尊重」的需要。也許是能發揮專業，因為工作而感覺受到認可與尊重。這些無形的報酬，也是職場能帶來的正向經

驗。不管受到尊重的感覺，是源於具體的成就、獎賞、名聲、地位，或是升遷，對許多人來說，這種受到激勵的效果，也是工作裡正向情緒的來源之一。

或者，許多人是因為工作賦予的內在價值而受到激勵。也就是說，我在做的事情、我的工作帶給我一種「認同」，一種看自己的方式。

比方說，身為助人工作者，「臨床心理師」對我而言就是重要的認同。

我期許自己尊重每一個不同的個體，善用科學與研究，讓更多人發揮潛能，過上更好的日子。同時，我也因為這樣的「自我期許」而感到驕傲。對於大量付出「心力」的工作者，好比醫師、護理師等第一線專業人員來說，這種自我認同與期許，正是支持許多人繼續撐下去的動力。

有些人把工作當「工作」（job），認為工作就是為了換錢過日子。有些人把工作當「職涯」（career），享受漸漸進步、追求成就的感覺。還有些人把工作視為一種「使命」（calling），認為他在發現與發揮自己的影響力，透過工作，用自己的方式幫助、影響這個社會。

快樂跟人有關

即便我們手頭上忙碌的工作內容是差不多的，但若能用不同的角度看待工作，練習思考工作之於自己的意義，我們或許能發現工作帶來除了薪水之外的樂趣。

之於你，工作的意義是什麼？工作給你的除了金錢之外，還有什麼？若能花點時間思考一下這些問題，或許就更有機會發現工作裡面藏著的快樂。

鬼門關前走一遭

　　苗栗仁德醫護管理專科學校有堂獨特的「死亡體驗課」，在課堂上，修課學生必須想像自己是癌末患者，只剩下幾小時的壽命。透過寫遺書、拍遺照、入棺體驗的過程，練習向人生說再見，透過想像來靠近華人時常避諱不談的死亡議題。青年自殺率極高的南韓，也曾辦過相關的活動，希望讓與會者體驗到生命的可貴。

　　類似課程的蹤跡，可追溯到1992年，台灣臨床心理學家余德慧教授在台灣大學開設的「生死學」課程。余德慧教授在他《生死學十四講》中提起這段過往，他說，在那個年代，「生死學畢竟是烏鴉嘴的學問，人人喊重要，可是有口無心，最好不要去碰這種既無功亦無德的學問」。

　　在這本談快樂的書裡，我想烏鴉嘴地聊點死亡。

　　常覺得，死亡是一面很好的明鏡，主動看看它、靠近它，能讓我們想清楚很多事情。在體認到萬物終有時的那一刻，我們不得不去想清楚，自己到底要過怎樣的人生。

　　鬼門關前走一遭，這種經驗常出現在罹患重病或大病初癒的人身上。他們說，死過一次之後，心才慢了下來，終於開始活得像個人，知道什麼該在意、什麼可以放它去。又或者是經驗過喪親之痛者，往往也會因此機緣，而

開始重新思索生命的意義。

　　是的，死亡的震撼，能促使我們重新排序人生。

　　「雖然肉體死亡會摧毀一個人，死亡的念頭卻能拯救人。」這或許是存在主義心理學者歐文‧亞隆（Irvin D. Yalom）這麼說的原因。

◆　◆　◆

　　走在路上，看到一間半廢棄的小樓房，牆面上寫著：「在我死之前，我想要……」牆角放著一盒粉筆供人書寫。你會想在牆上寫些什麼？

　　2009年，在芬蘭工作的張凱蒂（Candy Chang）突然

快樂
NOTE

生命本身沒有意義，你必須賦予它意義；而其價值也透過你所選擇的意義彰顯出來。

——**梭羅**（1817～1862）詩人

得知摯友意外逝世的消息。這件事動搖了她原本對生命的信念。不是好好的嗎？不是還活蹦亂跳的嗎？第一次這麼靠近死亡，感受到它的真實，她開始自問：「生命中最重要的事到底是什麼？」

朋友逝世後，她決定離開自己熟悉的地方，用她設計與規劃都市的專長，鼓勵更多人一起思考這個問題。搬到紐奧良後，她把一棟廢棄小屋的牆面變成一塊大黑板，用油漆在牆上寫上「在我死之前，我想要……」這幾個字。讓每個路過的人都停留一下，用粉筆寫下自己的想法。

原本不抱什麼期待的她，隔天醒來，發現黑板上寫著滿滿的答案：

在我死之前，我想要在數百萬人面前唱歌。

在我死之前，我想要種棵樹。

在我死之前，我想要離經叛道一下。

在我死之前，我想再擁抱她一次。

在我死之前，我想當某人的騎兵。

在我死之前，我想完全做自己。

這個計畫從一塊小小的黑板開始，繼續在其他國家生

根，鼓勵更多人思考自己這輩子真正想做的事。張凱蒂在TED演講時說：

> 我們最寶貴的兩件事，就是「時間」及「我們與其他人的關係」。在這個時代，讓人分心的事愈來愈多。如何堅持自己的看法，記得生命的短暫與脆弱，比以往任何時候都來得重要。
> 死亡是我們不鼓勵談論甚至思考的事。但是，我瞭解到，「為死亡做好準備」是你所能做到的事情之一。
> 思索死亡，可以釐清你的生活。

無獨有偶，在大陸有群稱自己為「墓地控」的墓地愛好者。他們認為「逛」墓地能讓人近距離地直視人生三大永恆課題：生、死、愛。看著碑文的同時，我們也看到安息在墓地下的那個人，過著怎樣的一生。

在生命消逝之前，若能在世上留下幾句短短的話，你會想向這個世界說些什麼？

德國數學家魯道夫（Ludolph van Ceulen）花了一輩子的時間，窮盡當時圓周率的數值，到小數後三十五位。

這是他的墓誌銘：

$$\pi = 3.14159265358979323846264338327950288$$

一輩子投入民權運動的領袖馬丁‧路德‧金恩
(Martin Luther King, Jr.)，在墓誌銘留下了他這輩子努力
替所有非裔美國人爭取的「自由」，這是他一輩子追求的
價值：

我自由了！感謝萬能的主，我終於自由了！

著名偵探小說《福爾摩斯》的作者亞瑟‧柯南‧道爾
(Arthur Conan Doyle)，本身具有醫學背景的他，也把這
樣的精神帶入自己的創作中。注重布局與情節的形塑，不
放過任何一位為非作歹的人[*]，這樣的墓誌銘或許也是他
對自己的期許：

注釋 ＊

不過，福爾摩斯辦案故事裡，有一篇描述他在了解犯案動機之後，
確實刻意放走了犯人。以上，來自福爾摩斯迷的資訊。

真實如鋼，耿直如劍。

俄國詩人普希金（А.С.Пушкин）的人生雖然只有短短三十幾年，卻留下許多不朽的文學成就。他用自己切身經驗轉化而成的情詩，已是俄國藝術的一部分。對他來說，知道自己是個好人，是最重要的事：

這兒埋葬著普希金；他和年輕的謬斯，和愛神結伴，慵懶地度過歡快的一生，他沒做過什麼善事，然而憑良心發誓，謝天謝地，他卻是一個好人。

◆　◆　◆

電視新聞報導台灣戲劇藝術家李國修診斷出癌症的消息，幽默風趣的他，在記者會上向與會人士朗誦這段他替自己撰寫的墓誌銘：

這裡躺著一個小老頭，窮其一生，卻未能實踐他成立全職專業劇團與興建一座專屬表演劇場的理想。如

今，屏風的一班戲子伶人依舊為這個夢勇敢邁進。在墓碑前，不需放上鮮花，小老頭感謝您來看他，並請於離去前，默默地放下一張屏風表演班的戲票。

2013年，李國修去世，告別人生舞台。雖然他已不在世上，但他對戲劇的愛卻持續留在人間。

「人，一輩子能做好一件事情，就功德圓滿了。」對他來說，這輩子的這一件事，就是「開門、上台、演戲」，戲劇就是他生命的意義。

死亡看似遙遠，卻又近在天邊。靠近它，感受生命不復存在的焦慮，或許會引導我們在有生之年找到更多快樂。

未來告別式的那天，你期待哪些人來送你最後一程？他們眼中的你，是個怎樣的人？在你離開世界之後，你希望世人如何記住自己？

聯合新聞網元氣網曾舉辦「書寫生前墓誌銘」的活動，活動雖結束了，仍可看到網友們的分享。讀讀這些網友投稿的墓誌銘，你能不能感受到他們人生中最重要的事是什麼？

「不要再改天了，我沒有改天了。有空多來陪我聊聊吧！」

「老公和孩子們，你們是我今生的最愛。對不起，請你們要彼此照顧，讓愛繼續，想起我時記得要微笑。」

「一個擁有屬於自己的快樂、擁有屬於自己的道路，以及對自己人生驕傲的人。」

「我發誓，再也不發誓。」

「墓中沉睡的，是個一輩子怯懦的人。但身後他想勇敢一次，勇敢告訴親友他是個兔兒爺，不喜歡異性，不願意踏入婚姻。希望每個看到這篇銘文的圈內人，都有勇氣做自己。」

看完之後，不妨花點時間寫寫自己的墓誌銘。看著自己寫下的墓誌銘，然後問問自己：「我有沒有真的過著那個自己想要的人生？」

◆　◆　◆

人生意義四個字寫來容易，實則是抽象的概念。在這一部分，我提到了鈴木一朗、李國修，提到了一堆人的墓誌銘。

如果，讀者讀完之後還是對「意義」二字沒有頭緒，這是非常正常的，請多留一點時間給自己，也別忘了時常回過頭來繼續想想這些問題。

同時也得提醒，並不是每個人都得像鈴木一朗、李國修一樣，找到那樣宏偉的目標，才能過得有意義而滿足。也許，對一位爸爸來說，營造一個讓孩兒快樂成長的家，就是他的終極意義。對一個圖書館館員來說，讓讀者有更好的閱讀環境，也可以是一種意義。

此外，在人生不同階段，我們的意義也會有所改變。正如我們身分比重的微調一樣，在孩子長大後，「爸爸」

快樂 NOTE

快樂不是一個目標，它是踏實人生的副產品。

——**埃莉諾・羅斯福**（Anna Eleanor Roosevelt, 1884～1962）美國小羅斯福總統的妻子，前第一夫人

這裡有「指南針」

的身分可能會稍微變淡。空出多的力氣，就可以用來探索新的意義。

　　意義沒有好壞對錯，但我們可以多問問自己：「是否真的對這件事有感，願意為它付出？」小到個人、大到社會關懷，每個意義都是有意義的。即便現在還沒找到，也請無須慌張。踏上一段尋找意義的旅程，本身就是一件有意義的事。這趟旅程，就構成了我們獨一無二的人生。

7

另外幾件快樂大小事

多快樂 ÷ 多費時 = 快樂 C / P 值

錢可以帶來多少快樂？

聰明花錢更快樂

「不知道」比較快樂

阿公的快樂跟孫子的快樂不一樣

心不在焉，就不快樂

Passeggiare，來散個步吧

把好事當作口香糖一樣咀嚼

小善舉，大快樂

痛也會習慣，此刻不是永恆

快樂是和＿＿＿＿在一起

多快樂 ÷ 多費時 = 快樂 C / P 值

《哈芬登郵報》（*Huffington post*）曾刊載過一篇有趣的報導，標題是〈十六個科學背書的快樂祕訣〉。到底是哪十六件事呢？

（1）昂首闊步　　　　（9）冥想

（2）喝杯茶　　　　　（10）旅遊

（3）小睡一下　　　　（11）跟狗玩*

（4）去公園散步　　　（12）做愛

（5）祈禱　　　　　　（13）行善

（6）微笑　　　　　　（14）寫感恩日記

（7）大笑　　　　　　（15）跑步

（8）聽快樂的音樂　　（16）當志工

報導除了介紹這十六件事之外，還針對兩個指標評分。

第一個指標：一般來說，做完這些事情，能提升多少程度的快樂？第二個指標：平均來說，做這些事情大概需

注釋 *

沒錯，沒有貓。

要花費多少時間？

　　看看這些快樂行動，你覺得哪幾個行動能帶給你最大的快樂？哪些行動確實早已是你生活的一部分？哪些行動不太花時間，卻能帶來大大的快樂呢？

　　在本書最後這部分，我們要回歸生活層面，談談一些「快樂の日常」，每天生活中攸關快樂的小事。

◆　◆　◆

　　在剛剛那十六件事裡，你覺得哪些事情能帶來最大程度的快樂呢？

　　看看報導的結果，提升快樂程度的排名，前四名分別是：一、寫感恩日記；二、做志工；三、跑步；四、行

> **快樂 NOTE**
>
> 很多人希望獲得大快樂，因而錯失小樂趣。
> ──**賽珍珠**（Pearl S. Buck, 1892～1973）小說家

善。

　　緊緊跟隨在後的是：做愛、跟狗玩、大笑與冥想。至於旅遊帶來的快樂，和微笑、聽快樂的音樂差不多。

　　接著是：祈禱、去公園散步、昂首闊步、喝杯茶。小睡一下帶來的快樂，是裡頭最低的（心情不好的時候睡覺，看來幫助不大喔）。

　　如果一件事情做起來不需要花太多時間，卻能帶來很多快樂，就是一件C/P值很高的快樂行動。

　　在這十六項行動裡，C/P值的前幾名是：微笑（6.6）、大笑（4）、行善（3.4）、昂首闊步（2.5）、寫感恩日記（2.3）。

　　C/P值在1分左右的有：跟狗玩（1.86）、祈禱（1.3），而跑步和聽快樂的音樂都是1.1（不知道同時進行分數會不會變高呢），還有做愛（1.08）、當志工（1）。

　　C/P值低於1分的則是：喝杯茶（0.8）、冥想（0.69）、旅遊（0.52）、去公園散步（0.5）和小睡一下（0.27）。

　　對許多人來說，旅遊是他們重拾快樂的首選。不過，在考量所費時間與精力（還有錢）之後，旅遊的快樂C/P

值其實沒想像中高。

　　C/P值最高的兩個，居然是「微笑」和「大笑」。研究發現，回想一些美好的事能帶來微笑，這小小的微笑就可以提升我們整體快樂的程度，甚至引發更多美好回憶，帶來更多快樂。

　　在本書最後，我們將探討上述提到的幾件日常快樂的事。不過，在討論快樂時，我們還得政治正確地討論一個與快樂息息相關的議題，就是「錢」。

錢可以帶來多少快樂？

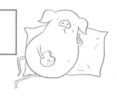

快樂學期中考考題

（一）計算題：小明是中階主管，月薪六萬三。小王是資深高階主管，月薪十四萬。毫無意外，收入比較高的小王確實比較幸福。但我們想問的是，在其他生活層面都一樣的狀況下，小王的幸福比小明多了幾個百分比？

（二）申論題：快樂＝X，X是什麼？

　　某次去淡江大學演講，與〈哲學概論〉的授課老師王靈康教授閒聊。我好奇問，哲學通識課的期中考都考些什麼？王老師與我分享他精心設計的申論題（請見上面的第二題）。如果給你一個小時作答，你的答案是什麼？

　　老師原以為這個題目能充分鼓勵學生思考快樂的各種可能。不過，試了幾次之後，老師告訴我「實驗失敗」。幾乎所有考卷上的答案都一樣：

$$X＝錢$$

　　學生普遍認為，要快樂，錢是最重要的事。差點也脫

口而出「就是錢」的我，其實很能理解這種無奈。在這個求生不易、起薪低、不利新鮮人的職場環境，錢確實決定了很多事情。

「後來，我只好把題目改成這樣……」老師說著，聽完我笑了。

快樂＝錢＋X，X是什麼？

◆　◆　◆

「如果中了一千萬樂透，你想要拿來做什麼？」

我向很多人問過這個假設性問題，答案五花八門，有人要拿來定存，有人想環遊世界，有人要孝敬父母，有人會立馬辭職，去做自己真正想做的事。

不過，中樂透其實是個「假命題」。我好奇的是，假設給予一切所需的條件，那些我們想完成的事到底滿足了我們什麼。

倘若能找出每個人內心深處真正在意的渴望，我們就有機會去思考有沒有另一條路，不一定要靠錢，卻同樣能

滿足這些需求。

　　若你想拿這筆錢去定存，你可以問問自己「定存一筆錢之後」，你的感覺是什麼？你的什麼得到滿足了？有些人可能會說「對生活比較有安全感」、「對未來有一種控制感」等，那「安全感」、「控制感」就是你真正的需求。透過往下追問得到的答案，其實比「錢」本身更值得認識。錢只是達成這些需求的一種方式。

◆　　◆　　◆

　　到底，錢多多就是快樂嗎？2000到2011年，台灣近十年的人均GDP*逐年上升。不過，與快樂程度息息相關的「生活滿意度」卻在走下坡。

　　國外數據也差不多是這樣。歐美國家調查顯示，西元1930年開始到2000年，每個人稅後平均所得節節高升，照理說，應該有愈來愈多民眾認為自己過得更快樂才是。

注釋 *

國內生產總值，指一定時期內，某區域內部經濟活動中所生產出的全部最終成果之市場價值，常被視為一個國家經濟狀況的重要指標。

不過，數據圖表卻顯示，覺得「自己過得非常快樂」的那條線，卻在某個收入水平之後開始從上升變成「水平線」。換言之，不管在台灣，還是歐美國家，民眾都沒有因為薪資收入持續增加而變得更快樂。這似乎是一種跨文化的現象。

致力於研究「金錢心理學」的伊莉莎白‧鄧恩（Elizabeth Dunn）和麥克‧諾頓（Michael Norton）曾表示，分析了大約一萬七千多篇討論「金錢與快樂之間關係」的論文，絕大部分結果都告訴我們：收入提高所能增添的快樂少得可憐。

在一開始提到小王和小明的例子裡，月薪幾乎高出兩倍的小王，幸福感只比小明多了9%。

當然，金錢能否帶來快樂，還得考量每個人的自身狀況。對生活困頓的人來說，兩萬五就能改善生活品質、提高生活滿意度，因而使我們更快樂。但對月入十萬的人而言，額外兩萬五帶來的快樂就沒這麼明顯了。

這項研究提醒我們，在收入已能滿足基本需求，也就是有地方住、有東西吃、達到基本生活品質之後，因薪資調漲而增加的快樂是很有限的。

同時，錢雖然可以提高生活品質，卻也可能帶來一些阻礙我們享受生活品質的麻煩。事業有成的企業家馬雲在接受專訪時表示，成為中國首富讓他不開心，因為壓力太大了：

> 當你成為最有錢的人，街上的人會用另一種眼光看你。當你成了全球最有錢的人，圍繞你的每個人都為了錢，這很痛苦。……也許是股價漲這麼多，或許是外界對我期望高，也許是我對未來想太多，以及太多的憂慮。

許多樂透得主的經驗也是如此，中獎前，生活平凡，卻還算清幽；中獎後，卻不得不看見親人間的感情變質，

快樂NOTE

金錢無法買你的快樂，但可以買下夠大的快艇，讓你航向快樂。

——**強尼・戴普**（Johnny Depp, 1963～）演員

大嘆人情冷暖。

　　而且，得主還得擔心人身安全。曾有報導說，高齡七十的阿婆中樂透後反而大哭，原來她老人家很擔心自己的孫子被綁架。也有得主中獎之後，整個生活都困在「要怎麼用這筆錢」的難題上，想了快兩個月還是想不出來，結果變得相當焦慮。

　　當人們腦中浮現跟「財富」有關的想法，就會不自覺跟其他人保持疏遠，變得自我中心；而自我中心、人際疏離，其實與不快樂息息相關。

　　即便不是中樂透這麼戲劇化的例子，收入增加可能也意味著：

□ 工時變長，忙著賺錢，卻沒時間與心力好好享受生活。
□ 需要出入社交場合的交際壓力。
□ 對錢的觀感不知不覺改變。
□ 需要不斷「升級」，買更好的品牌、吃更高級的餐點，才能達到之前感受到的快樂程度。

　　有錢人往往不再能夠享受所謂的小確幸了。收入增加之後，我們品味細微快樂的能力，反而回不去了。

◆　◆　◆

　　參加心理學實驗時，為了感謝參與者，實驗者通常都會提供微薄的鐘點費。只是，我們萬萬沒想到，把參與者的鐘點費調高之後，參加實驗的人不但沒有比較快樂，壓力反而變大了。

　　研究人員告知參與者，他們要扮演「模擬企業顧問」的角色，在實驗中需按照指示，做一些事情來模擬輔導企業。研究人員把參與者隨機分成兩群，告訴其中一群：「你的顧問鐘點費是一小時新台幣270元。」對另一群說：「你的顧問鐘點費是一小時新台幣2,700元。」

　　我們都很嚮往高時薪工作，照理說，一旦覺得賺到了，應該會做得更有勁、更開心。不過，實驗結束後，那些得知自己時薪高的參與者表示，實驗過程壓力超大，覺得時間不夠用（不過，其實所有參與者在擔任模擬顧問時，被安排要做的事是完全一樣的）。

　　知道自己的時間變值錢之後，我們的壓力反而更大了。不知道那些一分鐘賺幾十萬上下的人，他們過得是否快樂？

聰明花錢更快樂

回想一下，最近這個月，你買了哪些東西？

哪些東西買了之後，就只是東西，你不太能回想起當初為什麼要買它。或者有沒有哪些東西一拿出來，你的腦中就浮現一些深刻的印象。你不只買了東西，這些東西還伴隨一些記憶。

在一定程度的收入內，賺的錢愈多，我們確實會快樂一點。不過，除了金錢收入之外，「金錢支出」其實也與快樂息息相關。我們如何花錢，也決定了我們感受到的快樂。在此，我們要分享兩個「聰明花錢更快樂」的祕訣。

1. 花錢買體驗

買東西和買「體驗」是不一樣的概念。

「買東西」很容易理解，就是購買實質上觸摸得到的東西。「買體驗」則需要解釋一下：體驗指的是以「時間」為單位進行的活動，好比一趟旅行、一場音樂會、一部電影、上健身房運動、到球場看賽事等。

社交是人類的天性，大腦喜歡與人互動，感覺到「連結」是我們快樂的重要來源。在買體驗時，「連結」比較有機會發生。剛剛提到的旅行、音樂會、運動等，都可能

帶來人際互動而增加我們的快樂。

　　不過，也不是說買東西就完全不行。事實上，只要稍微動動腦筋，就能將「買東西」變成「買體驗」了。

　　比方說，你買了一台任天堂遊戲機（Nintendo Switch）。它可以純粹就只是一樣商品，但你決定在週日時，把遊戲機拿到客廳，和家人一起玩，或者帶去朋友的聚會裡。這段眾人歡樂的遊戲時光，就是一種體驗。

　　下次，在你購入任何東西之前，想想看你打算怎麼使用這樣物品？你能不能發揮創意，讓它不只是商品，還能帶來更多體驗？

◆　◆　◆

快樂 NOTE

快樂不存在於擁有或得到，它只存在於給予。伸出手、分享、微笑、擁抱，快樂如同香水，你不可能灑在別人身上，而自己一滴都沒沾上。

——**奧格・曼迪諾**（Og Mandino, 1923～1996）
美國作家

　　有兩位年紀五十多歲的阿姨，她們都存了一筆錢。其中一位阿姨買了一台超高級吸塵器，標榜能把家裡吸得清潔溜溜、一塵不染，任何角落都不放過。另一位阿姨把錢拿去旅行，和家人一起去日本滑雪。

　　猜猜看，半年之後誰比較可能會後悔？

　　買「貴桑桑」吸塵器的阿姨可能會說：「早知道就不要買這個吸塵器了，都沒在用！」而選擇旅遊的阿姨則可能會拿著手機，比著裡頭的照片，笑說：「唉喲！太懷念了，你看！上次去日本滑雪，摔個狗吃屎！笑死了，好想跟家人再去一次喔！」

　　阿姨的故事告訴我們，比起買體驗，買東西更可能帶來後悔。買東西的樂趣比較偏向「愉悅感」，在當下很真實、很強烈，卻也消逝得很快。

　　買體驗的樂趣則容易發展成「滿足感」，是一種比較可能維持的快樂。回憶那些體驗，我們都會說這錢花得實在值得！

　　寫到這邊，不禁想起很久之前，沒考慮就答應跟朋

友一起去大漢溪高空彈跳的事。雖然只是跳下去的短短幾秒，就花了不少錢。但現在想想，確實很值得；你看，幾年過去了，我還一直拿出來說嘴。

下次，在你準備買東西之前，思考一下這個商品能帶給你什麼，能滿足你什麼？

買車時，你想滿足的可能是尊爵感，也可能是創造帶家人出遊的體驗。後者不一定要車子才辦得到，而前者則經不起時間的考驗。

2. 花錢買時間

「時間飢荒」是一種時間總是不夠用的感覺，會帶給我們壓力與不快樂。緩解這種飢荒的一種方法，就是花點

快樂 NOTE

沒有人因得到什麼而受到尊敬，尊榮是一個人因付出而得到的回饋。

——**柯立芝**（1872～1933）美國第三十任總統

錢換取更多時間。比方說，叫午餐外送、找到府清潔服務等，都是花錢買時間的方法。

不過，這真的會讓我們比較快樂嗎？大多數人並不這麼認為。在一份調查中，六千多位美國人裡，只有不到三成的人表示他們願意花錢換取更多時間。

調查發現，願意花錢換取時間的少數人，自覺生活滿意度比其他人高出許多。特別是，你花錢換取的時間，原本是要做某些你很討厭的事（好比塞車，或者是在雨天騎車出門），這種交易確實讓人更快樂。

雖然說「時間就是金錢」，兩者看似等價。不過，重視時間勝於金錢的人，往往更快樂。不過，在此也得難過地附帶一提，花錢買時間帶來快樂，並不適合用在經濟狀況拮据的時刻。

我們常說，要把錢花在刀口上。想想看，你有沒有真的把錢用在那些會讓自己快樂的體驗上呢？

「不知道」比較快樂

走在路上，突然有人拿著五十塊說要給你。先說好，這不是詐騙、金光黨或其他可能會上社會新聞頭版的恐怖狀況。對方是真的帶著善意與笑臉，想給你這筆錢。

拿到這筆錢的你，會快樂嗎？如果對方說，他可以告訴你，送你五十元背後真正的緣由，你會想知道嗎？知道緣由之後，你覺得自己的快樂程度會改變嗎？

這個（奇怪的）研究是這樣的，研究者請大學生在路上隨機發錢，金額大約是一美元，大概是台幣三十元左右。

真想參加這個研究！確實，莫名其妙拿到錢是一件多快樂的事啊！

研究對象被隨機分成兩群。其中一群人除了拿到錢之外，還會附帶拿到一份文宣品，上頭寫著「歡迎加入微笑社團，一起來做善事」（告知這筆錢的緣由）。另一群人只拿到錢，不知道發錢背後的原因。

雖然，莫名其妙拿到錢本身就是一件快樂的事。不過，調查數據顯示，直接拿到錢而「不知道原因的人」，比起知道原因的人還要快樂。

　　研究者又找來另外一群學生，請他們在教室裡「想像」上面這兩種情況，並詢問他們覺得自己在什麼情況下會比較快樂。學生一致表示，「知道原因」的狀況下，自己會更快樂。

　　看來，對於什麼能帶給我們真正的快樂，我們的直覺不一定是對的。

◆　　◆　　◆

　　數位世代，資訊取得容易，大大舒緩了我們對未知的焦慮。想知道什麼，我們彈指之間就能在網路上找到資料。不過，有些快樂其實藏在「不知道」裡。知道太多，事情就不好玩了。

快樂
NOTE

> 無論何處，人們都想通曉世事，但是正因為我們無法通曉世事，我們才有希望。
> ——**愛默生**（1803～1882）思想家

　　出國旅遊是個很好的例子。自由行之前，我們得做足功課。想像有一對情侶，其中一方負責安排所有的景點，且在事前詳細閱讀了一堆旅遊書、部落格，把所有景點在旅行之前都Google完畢。而另一方則在毫不知情的狀況下，跟著對方來到每一個景點。誰比較能享受到旅行的樂趣呢？（提示：如果不確定答案的話，可以模擬一下職業導遊第十次來到日本的心情。）

　　許多人旅行後會抱怨，怎麼「真正的景點」和「查到的景點」差這麼多？

　　當我們事前功課做得太齊全，實際到了現場後，反而有很多東西可以拿來比較；先前曾提過，比較是快樂殺手。百貨公司沒想像中好逛，名勝古蹟沒想像中雄偉……反倒是那位連要去哪裡都不知道的人，還比較可能享受更多驚喜與樂趣。

　　說走就走的旅行，確實會帶給我們很多焦慮。不過，當未知、隨機真正融入旅行裡面，我們更可能看見那個地方真正的風景。作家皮科・艾爾（Pico Iyer）在「未知的美麗」（The beauty of what we'll never know）這場TED演講裡曾說：

旅行的祕密，就是沉浸其中，由裡及外，去你不會去的地方，去探索不確定、模糊，甚至是恐懼。在家，我們極容易認為事情都在掌控之中。離家在外的時候，你要記住，每一分每一秒，你不會、也不能了解事情的全部。

未知看似威脅，卻也意味著機會與可能。常常與未知共處，我們將有機會在轉角遇見更多有趣的事。

知道很多，我們會很安心。但也別忘了，有些快樂只發生在我們不知道的時刻。

阿公的快樂跟孫子的快樂不一樣

模擬下述情境，在這些時刻裡，你覺得自己會多快樂？用1到10來給一個分數，1表示普通快樂，10分表示非常快樂：

（　　　）1. 早上起床，擁抱孩子。

（　　　）2. 孫子出生的那天，感動地抱著他。

（　　　）3. 種了一個月，種子終於開花了。

（　　　）4. 存了一筆錢，終於踏上冰島的土地。

（　　　）5. 週末和朋友一起騎車去淡水。

（　　　）6. 結婚典禮的那一天，替另一半戴上婚戒。

（　　　）7. 下班回到家，租了一部電影來看。

（　　　）8. 準備了三個月，所屬的登山隊終於順利攻頂。

☐ 把「單數題」的快樂加起來，滿分是40，你的總分是＿＿＿＿分。

☐ 把「偶數題」的快樂加起來，滿分是40，你的總分是＿＿＿＿分。

在剛剛的題目裡，單數題描述的是「平凡的快樂」，

是我們每天都會遇到的、普通又常見的日常快樂。可能是與親友相處、享受彼此情誼，也可能是來杯拿鐵、泡個熱水澡、好好放鬆。

偶數題呈現的快樂是「特別的快樂」，這種快樂不常見，不會每天發生，通常是人生里程碑、需要鄭重準備迎接的事，例如畢業、結婚、生子、升官。旅行、出國、文化體驗也屬於這種快樂。

當然，也有些快樂同時屬於兩者，既平凡又不凡。好比愛情之樂、享受自然美景、沉醉在自己感興趣的領域、幫助別人等。檢視一下你的分數，看看你比較能從哪一類快樂裡得到快樂。

◆　◆　◆

子曰：「吾十有五而志於學，三十而立，四十而不惑，五十而知天命，六十而耳順，七十而從心所欲，不踰矩。」根據孔子看法，七十歲或許是人生最快樂的時候。

年齡與快樂有關嗎？有的，相關研究雖然略有差異，但有個還滿一致的發現：快樂與年齡的關係是「微笑曲線」，從15～20歲開始，我們愈來愈不快樂；在41～50

歲左右，來到人生的低點。

　　但此後，我們的快樂就開始走上坡，61～70歲的快樂甚至高於15～20歲一開始的快樂（這對還沒50歲的讀者來說是個好消息。如果你現在過得不太好，請再忍忍，讓我們一起努力活過50歲再來看看）。

　　延續「年齡與快樂」的話題，曾有研究者納悶，我們在不同年紀，快樂的來源一樣嗎？會不會是因為老年人「享受快樂的功力」更好，還是因為快樂來源比較多，所以他們更快樂呢？

　　這就得回到一開始提到的「平凡之樂」與「特別之樂」。

　　研究發現，對未來充滿希望的年輕人來說，他們更享受的是追求一次次特別之樂。相較之下，老年人享受平凡之樂的功力更好。也許是因為知道生命的有限性，對他們來說，珍惜平凡點滴，就能帶來真實的快樂。

　　這不是說老年人就無法享受特別之樂。年輕人和老年人都能享受特別事件帶來的快樂。不過，享受平凡之樂的能力，會隨年紀增加而變得愈來愈好。

　　年輕人追求的快樂，多半是刺激、狂熱、高感官激起

的感受，是一顆動盪不安的大腦所要的。老年人的身體要的快樂，則是平靜、安詳、低感官激起的感受。

　　以「人際連結」這種常見的快樂為例。年輕人喜愛交朋友，拓展新的社交連結，創造新的互動，以便帶來更多資訊。老年人比較不在意人際「拓點」，他們更在意的是珍惜現有的社交關係，並試著從中得到最滿意的互動品質。

　　雖然年輕人、老年人享受的快樂不太一樣。不過，我們不用等到年紀大了之後才來享受平凡之樂。接著就來告訴你，如何靠近、尋覓藏在你我身邊的平凡之樂。

心不在焉，就不快樂

做為一個「思考」器官，大腦其實相當「不安於室」。它常常「跑回過去」，想起某些無法改變的遺憾，長久下來，我們容易因此情緒低落。時常「跑到未來」對大腦來說也不見得是好事，不斷預測那不可知的時空，會讓我們變得緊張兮兮。

照這邏輯看來，最安全的地方應該就是「現在」了吧?!

我們常聽到「活在當下」這樣的口號，也都知道這是一件好事。不過，活在當下真的比較快樂嗎？這件事能不能夠證明呢？

多虧科技進步，研究者想到一種工具，可以輕鬆進入大家的生活。三不五時問你一下，你在做什麼？你專心嗎？你快樂嗎？透過這種隨機取樣，評估大家「活在當下」與「快樂」的程度。

這個厲害的工具大家都不陌生，就是一直常伴你左右的智慧型手機。

哈佛大學研究團隊設計了一款手機app：Track Your Happiness（追蹤你的快樂），邀請全球民眾下載使用。app會隨機在不同時間，對不同使用者彈出提醒，詢問這

幾個問題：

☐ 你正在做什麼？（研究者列出二十二種生活中常做的活動，像是吃東西、工作、看電視等，請參與者挑選一個最接近的活動。）

☐ 你現在的感覺是什麼？快樂的程度有多少？

☐ 你剛剛是否專心在做手頭上的事？

你的回答可能選擇「是」。如果選「不是」的話，app會進一步問你：剛剛你在分心想些什麼？是讓你愉快的事、不愉快的事，還是中性的想法？

透過這些問題，研究者有了大量的資料，可以了解民眾在日常生活中有多常「活在當下」或「不在當下」，以及這是否與快樂有關。

來自全球八十多個國家，從十八歲到八十幾歲，一共蒐集到約六十五萬筆資料進入分析，結果研究者發現了幾件事。

第一個發現：我們還真的是很常「心不在焉」。

在app彈出問卷的時候，有47%的用戶表示自己沒有專心在做眼前的事。我們不是在回想過去，就是在計畫未來。

洗澡、刷牙、工作，乃至於運動，是最容易分心的時候；還有大約百分之十的資料顯示，有些人做愛時也會分心。

第二個發現更為關鍵，我們的專注程度確實與快樂息息相關。

照理說，如果我們現在得做一些不想做的事（好比工作、寫報告），這時在大腦開外掛，讓自己分心、做點白日夢、神遊、想些別的事，應該能讓我們比較快樂一點才對。

快樂
NOTE

快樂猶如一隻蝴蝶，被追求時永遠抓不到，
但如果你安靜坐下，它就會降落在你身上。
——納撒尼爾・霍桑
(Nathaniel Hawthorne, 1804～1864) 美國小說家

　　不過，研究發現完全不是這樣。數據分析指出，在我們分心想著其他事情的當下，無論你現在正在做什麼（不管是開心地吃飯，還是不開心地上班都一樣），我們都是不快樂的。研究者下了一個有違常理的結論：相較於心不在焉，專心上班反而更快樂。

◆　◆　◆

　　活在當下確實對快樂比較有利。

　　這並不是說我們的思緒不能跑回過去或未來。但是，現代人的專注能力確實遭遇危機了。2000年，人類的平均專注力是12秒，2013年退化到8秒。不好意思，我們的專注力開始比金魚還要差了（金魚的專注力是9秒）。

　　整件事情最關鍵之處在於，當大腦從現在跑走的時候，你有沒有辦法發現這件事？對於自己的「心不在焉」，你知情嗎？

　　在維持快樂的前提下，「專注」其實是一種優勢。刻意把自己從過去或未來帶回現在，在這個資訊爆炸、刺激一大堆的年代，反而顯得重要。

　　之前曾提過「正念」的概念，就是一種不斷把自己帶

請你跟我這樣做

回當下的基本功。

我們在此簡單介紹一種入門的練習，讀者可以一邊試試看。

找到一個安全的地方，輕輕閉上眼睛之後，只做一件事，就是把注意力放在一個接著一個的呼吸上。

每個「呼吸」都只存在於這一分一秒，這一分一秒其實就是當下。緊緊跟隨呼吸，就是一種活在當下的蹲馬步練習。

相信我，過沒多久，你的大腦就會開始忘記呼吸這件事了。我們會開始思考其他看似更重要的事，又或者就只是下午茶要吃什麼這種小事。

「好累喔」、「我今天怎麼這麼累，早上到底在忙什麼」（你回到過去了）……當你發現自己神遊了，就把你的注意力再拉回現在，也就是呼吸上。

偶爾你的思緒會跑到未來，「晚餐要吃什麼呢」、「明天又要上班，有夠煩」、「下禮拜要繳房租，啊，沒錢了，要記得去領錢」……不管你穿越到過去還是未來，當你意識到自己不在「這裡」的時候，就再次把自己帶回呼吸。

　　每天安排一段時間，三、五分鐘也好，十分鐘、半小時也不錯，把呼吸當作專注力練習的標靶。這個練習看似枯燥，對我們愛神遊的大腦來說，卻是很好的「重量訓練」：像肌肉一樣，我們可以透過訓練提升大腦的專注力。持續練習之後，我們會更清楚意識到自己是否確實待在當下；一旦你不在當下，也更容易有自覺。

　　心理學家陶德・卡什丹（Todd Kashdan）曾提出一個「幸福公式」。如果幸福是一道美味的料理，這道菜裡，一共需要六種關鍵食材。但每種食材所需的份量是不同的：

　　幸福 ＝ ＿＿＿＿＿**份的活在當下**
　　　　＋ ＿＿＿＿＿**份的保持好奇心**
　　　　＋ ＿＿＿＿＿**份的做喜愛的事**
　　　　＋ ＿＿＿＿＿**份的先為他人設想**
　　　　＋ ＿＿＿＿＿**份的滋養人際關係**
　　　　＋ ＿＿＿＿＿**份的保持身體健康**

在公布配方之前，讀者不妨猜猜看：這六種食材裡，卡什丹認為需要最多份量的是哪兩樣最關鍵的食材？

猜好了嗎？我們來公布幸福的神祕配方：

幸福 ＝ _16_ 份的活在當下
＋ _1_ 份的保持好奇心
＋ _2_ 份的做喜愛的事
＋ _5_ 份的先為他人設想
＋ _5_ 份的滋養人際關係
＋ _33_ 份的保持身體健康

身體健康需要33份。畢竟，健康是一切的根本。

構成幸福的第二重要食材，就是「活在當下」。這道食材所需的比例這麼大，很可能是因為它連帶影響到其他幸福元素。

舉例來說，若要保有好奇心，我們就得專注地活在當下，才能窺見生活裡出其不意的美好與驚喜。在做喜愛的事情時，倘若我們一心多用，也很難體會到這些事情帶來的美好。在培養感情、為他人設想時，心不在焉也常會讓

我們「表錯情、會錯意」，說了不該說的話而影響到彼此
關係。

◆　◆　◆

　　願意待在當下的人會發現，「每一次」都是「第一
次」。

　　雖然我們搭著同樣號碼的公車，到一樣的地點上班。
但每個看似一樣的風景裡，都是不同的。

　　司機是不一樣的、天氣不一樣、上車的人不一樣……
即便，你看到了熟悉的司機或乘客，他們過的日子並不一
樣，他們身體裡的某些細胞，可能也早就汰換過一輪了。

快樂
NOTE

勝利對我很重要，但讓我真正快樂的是，全
心全意投入我所做的事情上。

——**菲爾・傑克森**（Phil Jackson, 1945～）
擁有十一枚冠軍戒指的 NBA 傳奇教練

　　活在當下不只是要我們留意那些生活片刻，更重要的
是，我們帶著什麼樣的心態去留意這些片刻。

　　如果說「活在當下」太抽象了，我認為白話一點的說
法是：「一次又一次的歸零與重啟。」

　　當你在吃下午茶，卻回想起剛剛開會的場景。這時，
你放下開會的記憶，重新開始吃。當你在洗澡，腦中不斷
模擬明天要報告的東西。這時，你放下報告，重新開始洗
澡。一次又一次地提醒自己，回到當下在做的事，一次就
做這麼一件事。

　　當然，我們也沒有要大家一年三百六十五天、一天
二十四小時都活在當下。為了解決生活大小問題，我們還
是需要鑑往知來、未雨綢繆的高等思考能力。

　　重點在於你能否找到「穿越與當下」之間的平衡。

　　對多數人來說，一天清醒的十六個小時，我們多半
像跳跳虎一樣，不停地在時空間跳躍。在這個強調效率的
年代，當我們就只是活在當下，好好把眼前這一件事做好
時，許多人反而會感到慌張與罪惡。但，我們卻很少跳出
來檢視這種罪惡感是否合理。一心多用的忙碌是否永遠都
是好事呢？

　　找出一點時間給自己，暫時忘記各種「目標」，就只

是讓自己做好當前的事，好好存在著。吃就好好吃、看就好好看、玩就好好玩，一次只做一件事。找回不斷行動（doing）與只是好好存在（being）之間的平衡。

　　在對的時間行動，在對的時間存在。並記得偶爾回歸人類的本質，human being。我們不能只是一直human doing。

Passeggiare，來散個步吧

運動與快樂很有關係。許多研究都說，運動能促進身體健康，幫助代謝，提升免疫力，舒緩壓力，還能帶來好心情。

不管是誰來諮商，我都會雞婆問個幾句：「有在運動嗎？」

但，身為一個沒有規律運動習慣的人，在說這句話時，其實是十分心虛的。我非常能理解，不是每個人都能享受運動之後，那種大汗淋漓、通體舒暢的感覺。

後來，我索性把運動的建議改成鼓勵大家「少坐多動」。長期久坐除了對健康不利，還可能提高憂鬱的風險。

提到運動，許多人壓力就來了（我也是）。不過我也發現，如果把運動改成「多動」，心情會稍微釋懷一點，壓力也少了一點。研究發現，就算只是散個步、走走路，也能對我們身心帶來好的影響。

過去研究普遍認為，運動要有效，一定得有適當的強度。但後續研究指出，就算只是輕度運動，好比散步，呼吸、心跳和排汗狀態雖然沒有太大的改變，依舊可以改善心理健康，緩和憂鬱症狀。

低強度的運動其實不難，難處在於我們能否把握任

何可以動一動的時機：散步、遛狗、搭公車時提早一站下車、停車時把車停遠一點、爬樓梯、整理家務……都能創造一點輕度運動的效果。當然，很多人喜愛的逛街、逛大賣場也是！

◆　◆　◆

德國哲學家尼采曾說：「所有偉大的思想均源自於漫步。」這句話很可能是對的。物理鬼才愛因斯坦就是散步一哥，在普林斯頓大學工作時，他每天走路上下班（全程約莫2.4公里）。演化論提出者達爾文也不遑多讓，聽說他每天要散步三次，一次要45分鐘。

當然，我們不用跟他們一樣這麼密集而長程地散步。不妨先挑個晚上，去住家附近的學校、公園或河堤晃晃。

看，真的很多人在散步吧！有人快走，有人邊聽音樂邊跑步，有人聊著茶餘飯後的話題。看看他們的表情，試著理解他們的感覺。或者，乾脆跟著起身走點路。

義大利人有個傳統，就是吃完飯後到自家附近走走晃晃。Passeggiare這個義大利文指的就是「慢慢走路」。對他們來說，這是一種La dolce far niente，無所事事的甜美

幸福。沒有要去哪裡，沒有要完成什麼任務，儘管無所事事，卻能從中感到喜悅。你今天散步了嗎？

把好事當作口香糖一樣咀嚼

讀國中時，曾在生物課本上看到「反芻」這個詞。牛吃草時，會把吃進嘴巴的草依序送到四個胃去消化。在草移動到其他胃室之前，再回到嘴巴咀嚼。

大學時再看到這個字，是在探討憂鬱症的書上，「反芻」也是常見於憂鬱症患者身上的現象。只是這回，憂鬱的人咀嚼的不是草，而是某些「負面的念頭」。

憂鬱的人會一直想某些負面的事情，想一次不夠，想兩次、想三次，一而再、再而三地朝思暮想，照三餐想。每想一次，就熟悉一次；每熟悉一次，就難過一次。

一邊咀嚼這些念頭，他們一邊想著：我到底出了什麼問題？為什麼這件事情會發生在我身上？這些事情到底什麼時候才會結束？這種常常讓憂鬱變得更嚴重的思考風格，稱為「反芻思考」。

◆　◆　◆

雖然反芻會帶來不好的後果，但這個形式若經適當轉化，似乎能帶來不一樣的效果。

先前曾提過，大腦對正向的感受很容易習慣化。

若我們借鏡「反芻」的精神，但稍微把反芻的草替換

一下。把象徵負面思考的「枯草」換成「新鮮的牧草」，把負面的胡思亂想換成「每天值得感謝的事」，就有機會翻轉反芻的負面效應。

每天值得感謝的事？沒錯，我們指的就是「感恩」這個概念。它的基本概念其實簡單，執行起來也不難，卻能帶來許多正面情緒，更是預防習慣化的有力工具。

◆　◆　◆

說謝謝有什麼難的？從幼稚園開始，我們就被大人教導要常說「請、謝謝、對不起」。但實情是，親友們在互相幫忙之後，真的開口表達感謝的比例，並不如我們所想得多。

研究者整理了一千多則對話紀錄發現，人們大概每90秒就會提出一個要求，希望對方幫忙，而對方通常也真的會答應。

不過，大概只有15%的對話裡頭，確實出現「感謝的話語」。看來，感謝是需要練習與不斷提醒的。

為了表達感謝，我們得先對自身處境有所覺知。我們要發現，自己今天可以坐在這兒閱讀，背後其實仰賴許多

人的付出。

☐ 要感謝自己特別空出一段時間閱讀。
☐ 要感謝成全你閱讀行為背後的那群人。
☐ 要感謝你現在所處的空間。
☐ 要感謝印刷本書的公司（裡面所有與本書有關的員工）。
☐ 要感謝書籍的編輯、行銷企劃（以及他們的家人）。
☐ 要感謝書籍的作者和他的父母、他成長過程的師長與重要他人（太好了，謝詞已經順便寫完）。
☐ 感謝賣書的那些店家。
☐ 感謝造紙和印刷工廠裡頭的所有人。
☐ 感謝蔡倫、感謝書中所有實驗的執行者、參與研究的人……。

　　種種人事地物，都不是理所當然。陳之藩之所以「謝天」，正是因為他發現值得感謝的人事地物實在太多了。眾人的付出，共同成就了我們此刻的存在。
　　一行禪師曾舉過一個例子。他說：「如果你是一個詩人，你就會在一張紙裡看見雲的飄動。」

　　他的意思是，如果雲不見了，就不會有雨。沒有雨，樹就無法成長。缺少了樹，就不會有你眼前的紙張。

　　雲和紙看似無關，實則緊密關聯。在紙裡，你會看到雲，也會看到陽光。若沒有光，就不會有樹林。你還會看到伐木工，少了他們，就不會有紙。你也應該在紙張中看到木工的父母、木工吃的飯、做飯的人、種稻的人⋯⋯。

　　眼前這張紙、這本書能出現在你面前，是時間、空間、天地、雨水、陽光、河流，加上許多人的努力。一張薄薄的紙裡頭，蘊藏了整個宇宙。

　　當你完成了任何真心渴望的事，我們應該要感謝全宇宙。

　　常常練習感恩的人，比較容易知足，生活滿意度也比較高。即便只是芝麻般的小事，都可以是我們認真以對，

快樂
NOTE

感謝不會幫人找到工作或讓退休帳戶的錢變多，但它會給人迎接挑戰的動力，帶來極大幫助。

——**克里斯多夫・彼得森**（Christopher Peterson, 1950～2012）密西根大學心理學教授

覺得感恩的大事。

　　在眾多文章、心得裡，最常和「快樂」一起出現的字，並不是購物、興奮、開箱或旅遊，反而是知足和感恩。

◆　◆　◆

　　練習感恩的做法真的很簡單，但就是因為它簡單，常讓人懷疑是否有效，也常讓人疏忽了要去做。

　　典型的感恩練習，通常是在每日睡前，回想三件今天很順心、值得感謝的事。

　　對象可以是人（今天公車司機特別等我幾秒鐘，讓我沒遲到）、一件事（感謝今天沒下雨）、一個物品（感謝我的筆電在報告時這麼可靠）或一個地方（今天第一次到社子看夕陽，太美了）。

　　回想之後，若能稍加記錄會更好。你可以考慮寫在筆記本上，或借助智慧型裝置，Android系統的「Gratus」、蘋果iOS的「感恩日記」、「1 Second Everyday：影片日誌」等app都有這類功能。

　　不過，在記錄時必須出於真心。請認真想想，你想

感謝的是哪些人的具體行為，還是他們的心意。光寫流水帳，效果不大。

　　你也可以特別針對今天某個美好時刻進行仔細的回憶。回顧一下當初發生了什麼事？事情進展如此順利，可以歸功於哪些人？如果遇到他們，你會如何表達你的謝意？

◆　◆　◆

　　這些練習都是自己一個人在家就可以做的。不過，如果想將感謝的效果「最大化」，我們還可以採取更積極的行動：不只是在心中回想，而是真的把感謝送到對方身上。

　　無論是跟對方碰面，親自說聲謝謝；又或者是將你的謝意透過信件、訊息傳遞給對方。這麼做不但能讓對方開心，還能增進你們之間的情誼。

　　BUT，人生就是有很多「但是」。要能有效表達謝意，其實沒想像中容易。

　　下面列舉了幾種表達謝意的說法，你覺得哪幾句能確實傳達謝意，讓被感謝者感覺比較好呢？

1. 讓你特地跑一趟，真是太辛苦了，真的好謝謝你。
2. 謝謝你來幫我，公司同事都很羨慕我呢！
3. 你陪我完成這些任務，我好感謝你展現的責任感，
   讓我好安心。
4. 很謝謝你，讓我過得這麼輕鬆愜意。
5. 要是沒有你，我可能無法度過這次難關，你真是位
   擅長傾聽與陪伴的知己。
6. 要是沒有你，我可能不會這麼幸福，謝謝！

研究感謝的心理學家，將感謝的言語分成兩種：

⊙ 以對方為出發點：在1、3、5單數句裡，重點在於「對方的付出與辛苦」，是以對方為主體的感謝與讚美。

⊙ 以自己為出發點：2、4、6偶數句給人的感覺是，我因為你的幫忙，過得比較幸福。這種感謝是以自己和自己的受益為出發點。

研究發現，以對方為出發點的感謝，通常會讓對方更開心，雙方的關係也會變好；以自己為出發點的感謝則沒有這樣的效果。

感恩的心，唱給你聽

在感謝時，只想到自己是不OK的。

◆　◆　◆

　　常常，我們會覺得生活的一切都糟透了。出門就下雨、路上塞車、被老闆罵、和伴侶吵架……狗屁倒灶的事永遠都列不完。

　　但說實話，生活不可能「一切」都糟透了。而是在心情糟透的時候，我們的眼睛就只會看到那些很糟的事。

　　還是有幾件好事發生的，只是需要我們稍微用力去留意。感恩就是一種「留意」的刻意練習。若能每天做，刻意就會變成習慣。

　　下回，在你疲憊不堪、狀況不好的時候，打開感恩筆記，刻意看見過去曾有的美好。你會發現，好吧，事情並沒有全都如你想得這麼糟。

　　杯子裡到底是「只剩半杯水」，或是「還有半杯水」，有時不是最重要的。如果想變得更快樂，你應該看見：「感謝老天，我的杯子用了這麼久，居然還沒漏水！」

小善舉，大快樂

　　某天下班，我發現租屋處附近新開了一間水餃店。飢腸轆轆的我，點了十顆招牌水餃後，走去醬料區，打算盛點醬油。就在我走回座位時，發現有個人貼心地在我桌上鋪了張衛生紙，放了一副筷子、湯匙。

　　我遲疑了一下。記得剛剛裝醬油的時候，看到牆壁貼著：「筷子、湯匙、醬料在此，請自取。」

　　咦？這到底是怎麼回事？我看了那個人一眼，心想，他是不是這裡的服務生？不對，那個人後來走回他本來的位置，點起了菜。

　　除了向他說謝謝之外，我一直在想，他為什麼要這麼做呢？是不是有什麼特別的意圖？還是說，真的有人純粹就只是喜歡幫別人做點好事呢？

快樂 NOTE

試圖做善事，你將發現快樂追著你跑。
　　——詹姆斯・弗里曼・克拉克
　　(James Freeman Clarke, 1810～1888) 牧師

沒錯。真的有人喜歡不抱期待地做好事，而且還常常
這麼做。

回想一下，我們多半都能想起身邊那群樂於助人的
人，好比醫院或宮廟裡的志工。再多回想一下，在你的記
憶裡，他們是不是常常都笑口常開呢？

不求回報的善舉，往往能帶給被幫助者心頭暖暖的感
覺。就在我回憶這段經驗的時候，內心還是覺得很溫暖。
當陌生人的善舉愈是隨機、沒有特別理由或解釋時，被幫
助者感受到的快樂就會更強烈而持續。

助人就是助己。做善事除了帶給對方快樂，也會替自
己帶來快樂。

快樂 NOTE

如果你想快樂一小時，就睡個午覺；想快
樂一天，就去釣魚；想快樂一個月，就去結
婚；想快樂一年，就繼承一筆遺產；想快樂
一輩子，就去幫助別人。

——**馬丁・塞利格曼**（Martin E. P. Seligman, 1942～）
美國心理學家

助人的時候，大腦裡與快樂有關的神經傳導物質會有所反應。助人行為讓人感覺更平靜，也比較不憂鬱，甚至能自我肯定，這種現象被稱為「助人者的快感」。

以老人為對象的研究發現，有擔任志工習慣的爺爺、奶奶，他們的死亡率跟同年齡的人相比，低了44%（而且我們已經把生理健康、運動習慣、性別、婚姻狀態、抽菸與否等干擾因素都扣掉了）。研究者這麼類比：「助人的好處相當於戒菸對身體的好處。」助人確實對身心很有幫助。

◆ ◆ ◆

在我們壓力大、心情低落時，把自己關起來搞自閉，這是人之常情。「唉！自己的事情都顧不好了，哪還有餘力去想別人？」

不過，母湯（台語），千萬別這麼做。

壓力很大時，如果試著去服務別人、做點好事，壓力反而會降低。助人時，我們比較不會覺得孤單。有時還會發現，原來有人曾經跟我一樣辛苦，大家都有自己的難處。這種歸屬感是緩解低落情緒很好的藥。

　　助人時，我們也會覺得自己其實還是滿有用的。這種觀點的轉化，對於鬱悶心情也是特效藥。

　　我覺得最關鍵的一點或許是，助人時，我們比較容易放下「我執」──一種什麼都是「我、我、我」的執念。把我執放下之後，才有機會把自己和「煩惱」拉開一個距離，這個空間讓我們能看清楚問題，思考其他解決或面對的方法。

◆　◆　◆

　　某天，你走在路上，又有人說要拿錢給你花，這次可能還是真的，不是詐騙。

　　在這個（奇怪的）研究裡，研究者在校園裡隨機攔截大學生，詢問他們是否願意參與研究。若願意的話，實驗者會請他們填一份問卷，了解他們現在的快樂程度，並留下聯絡資料。最後，遞給他們一個信封袋。

　　信封裡面，沒錯，就是錢。除了錢之外，還附有一張說明。參與者會被隨機分成兩組，其中一組人可以拿到約台幣600元，另一組拿到150元。

　　除了拿到的錢可能不同，信封裡的說明文也分成兩種

版本：

⊙ A 版：同學你好，感謝你參與本研究。請你在今天下午五點之前，把信封袋裡的錢花掉。你可以買禮物犒賞自己、拿去繳房租、付相關款項等等，由你自己決定。
⊙ B 版：同學你好，感謝你參與本研究。請你在今天下午五點之前，把信封袋裡的錢花掉。請你把這筆錢拿去買禮物送給別人，或者捐給你喜歡的慈善機構。

　　研究者想知道的是，使用不同的花錢方法之後，哪一組人會比較快樂？

　　按常理思考，拿到 600 元又可以花在自己身上的人，

快樂 NOTE

有意義的生活必須要有目標，而這個目標必須超出自己以外。紐約的有錢人可以離開心理分析師的躺椅，只要他們為衣索匹亞、孟加拉或紐約貧民窟的居民做點什麼，他們的人生就會不一樣。

——**彼得·辛格爾**（Peter Singer, 1946～）倫理學家

應該比較快樂吧？

　　結果不是這樣。不管你拿到的是150元，還是600元，整體來說，花錢在「別人」身上的參與者，都比花錢在「自己」身上的參與者還要快樂（參加實驗的人，在研究一開始的快樂程度都差不多）。

　　研究結果顯示，比起我們手上有多少錢，我們「花錢的方式」對我們快樂的影響更大。

　　捐款是一種助人的方法，但未必適合所有人。除了錢之外，我們還有很多種助人的途徑。或許不是捐錢，但我們可以捐時間當志工、捐血、捐善意（日行一善，幫助需要的人）……世上有無數種發揮善意的方法。

　　當我們幫助對方時，對方很快樂；因為情緒會傳染，我們也會變快樂。當我們幫助對方時，對方自然而然也會想幫助你。達賴喇嘛把助人稱為「聰明的自私」，在利他之後，這個利他會變得利己。

　　天助自助者，天也助助人者。

痛也會習慣，此刻不是永恆

沒有不會謝的花／沒有不會退的浪
沒有不會暗的光／你在煩惱什麼嗎

沒有不會淡的疤／沒有不會好的傷
沒有不會停下來的絕望／你在憂鬱什麼啊
　　　　——蘇打綠〈你在煩惱什麼〉，詞／吳青峰

　　學生時代有段失戀的回憶，當時痛哭了一陣子，難過
而迷惘，像漂在海上的浮木，不知何去何從，不知道這段
悲傷會持續多久。

　　跑去看失戀的心理學研究，裡頭說，失戀大概需要半
年左右可以走出來。當時就算理智知道這個事實，好像也
沒有被安慰到。

　　後來，我和大學時期的恩師陳文玲說了這件事。那天
晚上，她找了我另一位好友唯捷去她家坐坐。到老師家之
後，我記得自己沒有大哭，看起來也不像是極度難過的狀
態。真要說，比較像是消風的氣球。

　　老師默默遞上茶水，走向音響，播起了蘇打綠的〈你
在煩惱什麼〉。

　　好久好久之後，情傷什麼的早已經過去了。但某次碰

有一堂課叫做「看的方法」

巧又聽到這首歌，研究了一下歌詞，才恍然大悟老師當時播這首歌，想告訴我的事。

◆　◆　◆

　　愉悅的感覺會適應、會習慣，這是一種保護，讓我們不會嗨過頭；缺點就是，任何快樂的感覺，其實都無法持續太久，之前說過這叫做「享樂適應」。

　　不過，反過來說，我們也會「痛苦適應」。各種壞心情，其實也不會持續很久很久。負面情緒就像是籠罩在頭頂上的烏雲，一定會隨著時日逐漸散去。

　　馬克・吐溫曾說：「喜劇就是悲劇加上時間。」

　　在悲劇上演時，放眼所見都是哀戚。但，時間可以是一種解藥。如果你願意讓它出場，它會告訴你，悲與喜很多時候是難兄難弟。悲劇中，或許藏著值得我們感到振奮與慶幸的片刻。儘管這通常不是當下就能發現的。

　　伍迪・艾倫則說：「喜劇，就是退一步去看痛苦。」

　　在痛苦之中，要退一步其實很困難。但就算我們不

主動退，時間也會慢慢帶我們退一步。退出來，看見「自己還活著，還撐得下去」，看見「過去沒理解與認識的自己」。退出來，創造空間，讓事過境遷。

　　喜劇演員卓別林則是這樣說的：「如果用特寫鏡頭看生活，生活就是一場悲劇；如果用長鏡頭看生活，生活就是一場喜劇。」

　　生命的本質，像是一塊塊馬賽克拼貼，每一塊都有自己的顏色與質地。失戀的那一塊，特別灰、特別暗沉，結婚、喜事的那塊，或許是明亮的鵝白色。一塊塊馬賽克，慢慢組合拼湊，構成了整個人生。

　　偶爾，我們會忘記這件事，誤把「某塊馬賽克」當成整個人生。中樂透時，我們想著「這輩子發了」；生大病時，我們喟嘆「這輩子完了」。

　　像這樣，我們常把「片刻」當成「永恆」，一直用著卓別林所說的「特寫鏡頭」過日子，用一塊小小的馬賽克來定義自己的一生。

　　時間會陪我們走過很多很多路。有天，我們會突然回首——正如此刻的我回頭想起那段失戀，時間會給我們一

些智慧，提醒我們把鏡頭拉遠一點，把「整幅人生的畫」都看進去。

　　〈你在煩惱什麼〉的歌詞最後，青峰說：「片刻組成永恆。」一刻一刻，有苦有悲、有喜有樂，不用懼怕，也無須執著。大大小小的人間悲喜劇，慢慢拼貼而成的那幅畫，其實才是人生，才是永恆。

快樂是和 _____ 在一起

快樂的時候,你在做什麼?你的快樂時刻長什麼樣子?

日本東京大學的淺井明里教授率領團隊,在網路和app上邀請大家分享自己的快樂時刻。參與者要回答像是這樣的問題:

1. 今天是否發生了什麼讓你開心的事?回想過去「二十四個小時」,回憶三件真實發生並讓你感到快樂的事情。請用「完整的句子」寫下你的快樂時刻。

2. 過去是否曾發生什麼讓你開心的事?回想過去「三個月」,回憶三件真實發生並讓你感到快樂的事情。請用「完整的句子」寫下你的快樂時刻。

研究最後蒐集到十萬多筆快樂時刻,像是:

☐ 今天早上叫兒子起床時,他給我一個大大的擁抱。

☐ 我伏地挺身終於可以做到四十下了。

☐ 晚上去跑步,天氣很好,涼涼的,很舒服。

　　透過人工智慧中的自然語言處理技術，研究團隊分析這十萬多個句子*，想萃取出裡頭的關鍵因素。

　　感謝機器人的分析，讓我們可以透過數據，更了解人們的各種快樂時刻。在快樂時刻，我們身邊通常是誰？我們又在做些什麼？

　　分析發現，人們在快樂時刻最常提到的情緒依序是：享受、愛、感覺、喜歡、興奮。到底在做什麼事情的時候，我們最可能感受到這些情緒呢？

　　榮登第一名寶座的是「社交」活動，有46％的快樂時刻跟社交有關係。第二名還是與人際關係有關，是「家庭」活動，占了26％。

　　這種發現並不讓人意外，人類天生需要社交連結。在好的人際關係裡，被接納、關心與同理，那種溫暖的感覺是我們許多正向情緒的來源。曾有研究顯示，前10％快樂的人裡，他們的共通之處就是身邊都擁有品質很好的人際關係。

注釋 *

這十萬多筆資料，現在仍公開放在網路上，讓有興趣的人自由下載使用，只要搜尋 HappyDB 就能找到。

　　除了人際關係之外，其他的快樂時刻是我們生活裡的「日常」。

　　第三名是食物，被提到的比例是16.2%，也不讓人意外。在蒐集跟快樂、幸福有關的資料時，我在網路書店搜尋「幸福」，結果跑出來的書幾乎都是食譜。在與食物有關的快樂時刻中，最常出現的詞彙依序是：晚餐、咖啡、披薩、早餐。

　　讓人跌破眼鏡的快樂時刻第四名是工作，被提到的比例是14.5%。佛洛伊德是對的，他說人生不外乎就是愛與工作這兩件事。工作時，我們獲得的可能不只是金錢報酬。許多人在工作中找到知心朋友、歸屬感、成就感，這些都可能是工作帶給我們的快樂。

　　接著第五名是休閒娛樂（8.8%），第六名是運

快樂
NOTE

時常提醒自己是有人愛的、並不孤單，快樂就會油然而生。

——**尚恩‧艾科爾**（Shawn Achor , 1978 ～）哈佛正向心理學家

動（8.4％），第七名是購物（8.4％），第八名是上學（5.5％），第九名是寵物（4.5％；在與寵物有關的快樂時刻中，狗比貓更常被提到，建議貓咪們可以稍微留意一下；雖然我知道會在意這個的話，貓就不是貓了）。

研究還發現，快樂時刻更常出現在「晚上」（被提到3,391次、白天則是2,736次）。相關研究也發現，快樂情緒跟禮拜幾是有關的。整體而言，我們的正向情緒在禮拜一最低落，隨著週二、三、四微幅上升，週五、六來到最高點；不過，禮拜天又稍微掉下來一點。

對某些人來說，快樂也藏在運動裡，在跑步、騎單車、瑜伽、重量訓練、馬拉松裡，有人找到快樂。有人的快樂藏在休閒娛樂裡，有人的藏在大自然裡。我們之前提到的正念、活在當下、享受此刻，也是許多人快樂時刻的元素。你的快樂時刻長什麼樣子呢？

8

結語

如果快樂有公式

快樂其實沒有公式

致 謝

如果快樂有公式

　　閱讀下列描述後，感覺一下這句話適合用來描述自己的程度，以1～10評分，1表示「完全不是如此」，10表示「完全如此」，數字愈大，表示你愈認同這句話。

（　　　）1. 我是一個外向、活力充沛、有彈性且願意改變的人。

（　　　）2. 我覺得自己的人生觀很正向，受到挫折後能快速恢復，而且能夠掌控自己的生活。

（　　　）3. 回顧我的「健康、財務、安全感、選擇自由與社區歸屬感」，我覺得自己的基本生活需求已被滿足。

（　　　）4. 生活中，我得到親朋好友支持，能充分投入自己所做的事，滿足自己的期望，參與自己認為有意義的活動。

　　將上面四個分數，依據下面公式計算出P、E、H值：

☐ P值＝第一題＋第二題分數 ＝＿＿＿＿＿

☐ E值＝第三題分數　　　　 ＝＿＿＿＿＿

☐ H值＝第四題分數　　　　 ＝＿＿＿＿＿

　　根據英國心理學家皮特・寇恩（Pete Cohen）提出的快樂公式，他認為：

$$快樂＝P+（5×E）+（3×H）$$

　　在這個公式裡：

□ P＝個人特質：泛指自己的價值觀、適應能力與彈性。

□ E＝生存環境：涵蓋了身體健康、財務狀況與友誼。

□ H＝更高層次的需求：包括自尊、期望、野心與幽默感。

　　計算出來的結果若在80～100分者，屬高度快樂；60～79分為還可以；40～59分為差強人意；低於39分者，代表不太快樂。照這公式來看，你的快樂及格了嗎？

　　不知道你是否同意這樣的公式。正向心理學家馬丁・塞利格曼提出的快樂公式不太一樣，他認為：

$$快樂＝設定點（50\%）+生活環境（10\%）+$$
$$你做了什麼事（40\%）$$

在這個公式裡：

□ 設定點＝先天基因遺傳，這決定了我們大概50％的快
　樂。約有三成的人，生下來就比較容易快樂，另外三成
　的人偏悲觀一點，剩下的人則沒有特別偏向哪邊。

□ 生活環境＝環境因素，指的是你住哪裡、多有錢、從
　事什麼工作等，決定了你10％的快樂（沒錯，只有
　10％）。

□ 你做了什麼事＝40％的快樂取決於此。有將近一半的
　快樂，取決於我們替自己做了什麼事。

　　雖然我不是很確定這些快樂公式的真實性。好比，
公式裡頭那些係數，為什麼是5或3，為什麼是40％、
10％。不過，整合這些人提出的快樂公式後，裡頭同時提
到了幾個關鍵。

天注定的部分

　　快不快樂確實有天注定的部分，像基因遺傳、身體健
康狀況、人格氣質等，這些因素不太是我們可以操控的。
　　研究人類個性的心理學家發現，幾乎世上所有人的

個性，都可以用五個指標高低的排列組合來區分。這五個特質的英文開頭縮寫剛好是OCEAN，分別指的是：開放性（Openness）、嚴謹性（Conscientiousness）、外向性（Extraversion）、親和性（Agreeableness）與神經質（Neuroticism）。

影響快樂最主要的兩個人格指標，是外向性與神經質。最快樂的人通常是高度外向性、低度神經質，而最不快樂的人，完全反過來，通常是低度外向性、高度神經質。快樂與外向、神經質程度有關，而研究也發現，這兩個特質很大一部分確實是由遺傳決定的。

> 快樂 NOTE
>
> 如果你觀察一個真正快樂的人，你會發現他正在造船、創作交響樂、教育孩子、種天竺牡丹花或在戈壁沙漠尋找恐龍蛋。總之，他不會像尋找一個滾到暖氣機下面的衣領鈕釦一樣地尋找快樂，他不會將快樂本身當目標來尋找。在一天滿滿二十四小時的生活中，他會知道他是快樂的。
>
> ——貝蘭‧沃爾夫（Walter Béran Wolfe, 1900～1935）
> 奧地利精神科醫師

環境

　　快樂也跟環境有關，比方說你住哪裡、你的生活品質和財務狀況如何等。說實在地，環境其實也有一點天注定的成分，只是仍有機會透過後天努力而改善。

　　許多人這輩子花了非常多力氣，希望藉由改善薪水、居住環境等方法來獲得更多快樂。不過，如我們之前在探討「金錢與快樂」時所提到的，環境改善確實能帶來快樂，但是幅度很有限。環境改變帶來的正向情緒，也容易隨著時間而習慣。

你做了什麼事

　　快樂公式裡最關鍵也振奮人心的，是「我們的選擇」也會決定我們的快樂。

　　我們重視某些價值、重視自我實現，所以，我們採取對應的行動。這種快樂，是靈長腦所在意的，引導我們由內而外、發自內心地做出行動。這種快樂是滿足感，是淡淡的喜悅，不容易因為適應而褪色。

　　另一個好消息是，根據我們目前對大腦的了解，大腦有著極佳的神經可塑性。大腦不是出生後就定型，而是會一直改變的。

　　即便我們已經長大、變老，大腦都還是一直在改變。我們可以透過努力和持續練習，像捏陶土一樣，把大腦形塑成我們想要的樣子。

　　那些我們常常做、常常練習、常常想的事，都會直接或間接地改變大腦，讓它變成習慣2.0。當一件事做到不需要刻意費力時，它就變成了我們的「新天性」。

　　你閱讀本書的同時，大腦就在變化，它正忙著建立某些新連結。不過，對大腦來說，比「知道」更有力的形塑，就是「行動」。

快樂
NOTE

成功不是快樂的關鍵，快樂才是成功的關鍵，如果你熱愛你做的事，你將會是一個成功者。

——**史懷哲** (1875～1965) 諾貝爾和平獎得主

　　心理學知識的最大敵人，就是「知易行難」。似乎不管怎樣，我們都可以找到一些理由和藉口，「不去」做那些我們覺得重要的事。

　　馬克・吐溫說，二十年後，你今天「沒做的事」會比你「做過的事」更讓你遺憾。那些你沒採取的行動、錯過的體驗，會是人生最大的憾事。

　　在一個關於後悔的研究中，參加研究的人被問：你過去一週最後悔的事情是什麼？它是「做了某事後悔」，還是「沒做某事而後悔」呢？

　　後悔分成兩種。有53%的後悔是說，我後悔上個禮拜「做了」某件蠢事；有47%的後悔則是，後悔自己上個禮拜「沒做」某事。

　　過一陣子後，研究者再次聯絡了這些人，問問他們的後悔有沒有一些轉變。

　　因為自己「做了蠢事而後悔」的感覺，在幾個月之後，變成另一種感覺了。這些人說，雖然當時感覺自己很蠢，但現在回想起來卻很值得。做完蠢事之後，讓自己想通了一些事，看清了自己的極限。許多人甚至一轉後悔的感覺，因為當初自己付諸行動而感到自豪。

　　針對「沒做的後悔」，研究者問：當時因為沒有採取

行動的後悔，現在感覺如何呢？幾個月後，因為沒做而耿耿於懷、不舒服的比例，從一開始的47%暴增到84%。

　　去做吧！即便失敗了，我們還是可以學到東西。沒做的遺憾，會隨著時間愈變愈大。沒做的結果是「無限」的，因為我們永遠不知道那個結果是什麼，你可能會帶著它一輩子。做了但失敗，這個結果是「有限」的。五年後的你，可能不會覺得這有什麼。

◆　◆　◆

　　讀政大時，曾在廣告系陳文玲老師的課堂上，學到一種稱為「自由書寫」的工具。這是一種不過於理智思考，試著讓直覺引導我們書寫的方法。想邀請讀者，留五分鐘

快樂
NOTE

行動不見得帶來快樂，但沒有行動就沒有快樂。

——**班傑明・迪斯雷利**
(Benjamin Disraeli, 1804 ～ 1881) 前英國首相

給自己，準備一支筆，一起來試試看。

等一下你會看到五句話的「開頭」，在看到這些開頭之後，請把你心中浮現的第一個直覺想法立刻寫下來。

不用刻意美化，不用管字醜不醜，不用管修辭。這裡所寫的話，也不用給別人看。所以，請盡可能誠實，把內心浮現的念頭完整寫下來就好。

我是 _____ 。

二十年後，我人在 _____ ，

跟著 _____ ，

住在 _____ ，

做著 _____ 。

寫完之後，再讀讀上面的句子。

這是你真心希望的嗎？如果你覺得自己剛剛好像沒有很誠實，可能是因為環境不適合，你可以找一個舒適的、讓你感到安心的地方再做一次。你也可以偶爾問問自己這五個問題，看看答案的變化。

我還記得當時書寫完後，老師這樣說：「各位同學，二十年只是一個幌子。這些夢想、這些願望，為什麼要等

這個記得掃一下

到二十年後再去做呢？」

　　上這堂課的時候，還記得是 2008 年。當時，我把「寫一本書」放在我的最後一句話。十年後，老師，我寫了兩本書！

　　快樂的人幾乎都在「做事情」，而不是一直在「想事情」。因為，快樂是做出來的，不是想出來的。

快樂其實沒有公式

　　很久很久以前，在錫蘭王國，老國王找來全國最有智慧的學者，傳授各種學問給他的三個孩子。國王知道行萬里路更勝讀萬卷書，所以也希望他的孩子能去世界各地走走、體驗人生，增加歷練。

　　在學了許多知識之後，三個王子沒帶著什麼特別的期待，就這樣聽從父親的吩咐出發了。

　　不過，在旅行時，他們遇到了一些機緣，可以實踐他們過去學到的知識、累積的經驗，還因此幫了不少人，故事最後也因此意外發現了寶藏。

　　英國小說家沃波爾（Horace Walpole）聽到這個故事後，用錫蘭的舊名「Serendip」創了一個英文單字：serendipity。

　　Serendipity不好翻譯，它主要的意思是巧遇、邂逅，是沒有預期的意外發現。但這種「意外」也不全然是意外，在意外發生前，我們確實做過一些努力，只不過，這種努力不是刻意針對寶物的追尋。

　　就像這三位王子，他們在學習與旅行時，並沒有把寶藏當作目標。無心插柳的知識和經驗累積，卻使他們在後續人生的路上，因緣際會尋獲了寶藏。以知識做為基礎，加上必要的探索與嘗試，還有一點點巧合與偶然，

Serendipity 就會像蝴蝶一樣翩翩飛來。

　　在讀到 Serendipity 的資料時，我心想：天啊，這不就是快樂嗎？智慧、偶然、機會，這三個關鍵與尋找快樂有異曲同工之妙。

　　知道快樂的知識還不夠，我們得行動。花時間跟家人相處、培養興趣，也得出門跟人互動、說謝謝、去運動、去幫助人……我們得做點什麼。同時，在做這些事情的時候，我們得稍稍忘記「追求快樂」這四個字，盡可能享受當下片刻，快樂才會悄悄到來。

　　在做這些事情的時候，過程也不全然是愉悅的，例如跑馬拉松、登山、育兒教子。「痛」是意義的一部分，通往快樂的路不是筆直的，途中會碰到山崩、水坑與各種路

快樂
NOTE

我拒絕接受別人告訴我的快樂定義，好似有個放諸四海皆準的準則一樣。

——肯伊・威斯特（Kanye Omari West, 1977 ～）
饒舌歌手

障。我們得繞路，也會迷路。但只要心繫著自己真心在意的價值觀，各種行動都不會是冤枉的。

美國小說家約翰·巴斯（John Simmons Barth）曾用航海來比喻：「你無法循著正常的航線直接抵達Serendipity。你必須誠摯地航向自己所設定的目標，然後湊巧迷路，才能發現它。」

在踏上快樂旅程之前，你得先知道自己要什麼？對自己來說，什麼是重要的？哪些人事物能讓你感到熱情？

你得依循你的價值觀，大致擬定一條可以實踐意義的旅程。同時，你還得安撫你的爬蟲腦，對你的靈長腦精神喊話。

當然，你不能只是規劃，還得真的上路。但在途中，你需要放下「努力追求快樂」的目標，退一步讓偶然發生，快樂才會出其不意地到來。

讓偶然發生意味著，你會偶然地迷路、偶然地挫折、偶然地痛苦。這些痛苦的本質，其實不只是痛苦，反而彰顯了旅程的意義。很多時候，就在我們痛苦的時候，快樂也偶然地降臨了。

電影《美國情緣》（*Serendipity*）裡有句話說：「古希

練習好好說再見

臘人不寫訃聞。當他們聽聞一個人死去時，只問一個問題：『他一生中曾有過熱情嗎？』」

　　你找到屬於自己的熱情了嗎？或許還沒，但沒關係，踏上一段「尋找熱情」的旅程，本身就會是一件很有意義的事。試著在有限的人生裡，找到那些你願意為它而痛，卻又痛得爽快的事，這種滿足帶來的快樂是人類僅有的，是讓我們在即將告別人生時，不會留下遺憾的那種快樂。

　　關於快樂之旅的行前說明，就到此告一段落了。剩下來，就是你們的事囉！

致　謝

　　在精神科診所工作幾年後，離開這個逐漸適應的環境，摸索職涯與人生的其他可能性，曾經是我非常害怕的事。一眨眼，一年、兩年就這樣過去了。我想感謝當時的恐懼與自己的勇敢。

　　謝謝從事助人工作路上一路相陪、打氣與一起創作的夥伴，本書插圖繪者郁芙。謝謝新田與初色心理治療所的映竹、天豪、偉信、正德、裕翔，感謝你們溫柔而信任地承接了我當時的勇敢。

　　2015年末，學妹子喬引薦我到淡江大學王靈康老師的「哲學概論」課上分享，從憂鬱症講到快樂，這段緣分讓我開始系統性地探究快樂這個大哉問，醞釀出本書的骨幹。

　　2017年末，在一場「快樂跟你想的不一樣」的演講結束後，朋友分享了一篇網友整理的文章，裡頭正是我那場演講的重點整理。謝謝建林來參加講座、做了這篇整理，讓我發現原來我已經有第二本書可以寫了；也謝謝你在第一時間協助閱讀初稿並提供意見。

　　其他協助閱讀本書初稿，幫忙找錯字、訂正「的得地」等一堆贅字與錯別字的特攻隊還有詠琦（請容我叫妳一聲國文女王）、威勝、京睦，以及陪我一起迷惘人生的唯捷、旻純與瑞騏。

書寫路上，感謝讓我不害怕文字，甚至開始享受書寫的所有老師：余美蓉、董愛倫、許志信、陳文玲、田若雯、曾敏英老師。謝謝時報文化的總編文娟、主編維君、企劃多誠與彥捷，你們是個讓人安心的團隊，謝謝你們的信任。

感謝皓宜、仲清與絢慧三位心理師前輩對本書的推薦，也謝謝從事心理科普推廣的宇哲老師、深耕職場議題的智芳總編從不同角度切入的推薦文。感謝王靈康老師，在淡江相逢的緣分與談話，如沐春風。謝謝陳文玲老師陪伴我（和許多曾經迷惘或憤怒的學子），亦師亦友地走了好長一段路。

謝謝我的父親江龍、母親秀瓊、妹妹怡文、家貓阿咪與帥帥，我愛你們。

快樂 NOTE

我認為的快樂，是找到更多工具與方法，並用好玩、輕鬆的方式分享出去，讓世上更多的人可以活出自己想要的樣子。

——**蘇益賢**（1987～）臨床心理師

　　謝謝買了這本書的你，感謝你願意用行動支持我們繼續創作。

　　在這本書的許多角落，我安插了一些QR Code，透過手機，你可以連到18個小音頻，只有閱讀本書的讀者能夠看到。在閱讀過程，歡迎大夥來交流一下，你可以在YouTube的留言區分享你的心得與感想。

　　讀到這邊，我要來介紹最後一個QR code了。對你來說，快樂是什麼呢？在讀過這些與快樂有關的資訊後，你心中認為的快樂是什麼呢？誠摯邀請你在這個小問卷和我分享你的看法。也歡迎你簡單留下資訊，未來若有公開演講或相關活動，我都會主動與你分享！

 心理師想聽你說

　　期望本書讓你開始不怕不快樂，而能找到一些真正的快樂。

很抱歉，為了科學實驗，我們在這開了一點玩笑。
所謂「贈送五百塊」只是模擬情境，不好意思。

人生顧問 0346

練習不快樂?! 不快樂是一種本能，快樂是一種選擇

作　　者 ── 蘇益賢
插　　畫 ── 丁郁芙
主　　編 ── 沈維君
企　　劃 ── 潘彥捷
封面暨內頁設計 ── 江孟達
內頁排版 ── 林淑慧

總 編 輯 ── 曾文娟
董 事 長 ── 趙政岷
出 版 者 ── 時報文化出版企業股份有限公司
　　　　　　一○八○一九 台北市和平西路三段二四○號七樓
　　　　　　發行專線／（○二）二三○六六八四二
　　　　　　讀者服務專線／○八○○二三一七○五
　　　　　　　　　　　　（○二）二三○四七一○三
　　　　　　讀者服務傳真／（○二）二三○四六八五八
　　　　　　郵撥／一九三四四七二四時報文化出版公司
　　　　　　信箱／一○八九九臺北華江橋郵局第九九信箱
時報悅讀網／ http://www.readingtimes.com.tw
時報文化臉書／ https://www.facebook.com/ readingtimes.fans
法律顧問／理律法律事務所 陳長文律師、李念祖律師
印　　刷／綋億印刷有限公司
初版一刷／ 2019 年 1 月 18 日
初版二刷／ 2022 年 11 月 30 日
定　　價／新台幣 340 元
（缺頁或破損的書，請寄回更換）
ISBN：978-957-13-7674-5（平裝）

時報文化出版公司成立於一九七五年，
一九九九年股票上櫃公開發行，二○○八年脫離中時集團非屬旺中，
以「尊重智慧與創意的文化事業」為信念。

練習不快樂?! : 不快樂是一種本能, 快樂是一種選擇
/ 蘇益賢著. -- 初版 .-- 臺北市 : 時報文化, 2019.01
　　面；　公分. -- (人生顧問 ; CFR0346)
ISBN 978-957-13-7674-5(平裝)

1.快樂 2.生活指導

176.51　　　　　　　　　　　　　　　　107023040

Printed in Taiwan